增修字百訣

下冊

覺慧居士
溫民生增修

「智理文化」系列宗旨

「智理」明言

中華智慧對現代的人類精神生活，漸漸已失去影響力。現代人，大多是信仰科學而成為無視中華智慧者，所以才沒有辦法正視中華智慧的本質，這也正正是現代人空虛、不安，以及心智貧乏的根源。

有見及此，我們希望透過建立「智理文化」系列，從而在「讓中華智慧恢復、積極改造人性」這使命的最基礎部分作出貢獻：「智理文化」系列必會以正智、真理的立場，深入中華智慧的各個領域，為現代人提供不可不讀的好書、中華智慧典範的著作。這樣才有辦法推動人類的進步。我們所出版的書籍，必定都是嚴謹、粹實、繼承中華智慧的作品；絕不是一時嘩眾取寵的流行性作品。

何以名為「智理文化」？

佛家說：「無漏之正『智』，能契合於所緣之真『理』，謂之證。」這正正道出中華智慧是一種「提升人類之心智以契合於真理」的實證活動。

唯有實證了「以心智契合於真理」，方能顯示人的生活實能超越一己的封限而具有無限擴展延伸的意義。這種能指向無限的特質，便是中華智慧真正的價值所在。

至於「文化」二字，乃是「人文化成」一語的縮寫。《周易‧賁卦‧彖傳》說：「剛柔交錯，天文也；文明以止，人文也。觀乎天文，以察時變，觀乎人『文』，以『化』成天下。」可見人之為人，其要旨皆在「文」、「化」二字。

《易傳》說：「文不當故，吉凶生焉！」天下國家，以文成其治。所以，「智理文化」絕對不出版與「智」、「理」、「文」、「化」無關痛癢的書籍，更不出版有害於人類，悖乎「心智契合於真理」本旨的書籍。

由於我們出版經驗之不足，唯有希望在實踐中，能夠不斷地累積行動智慧。更加希望社會各界的朋友，能夠給我們支持，多提寶貴意見。最重要的是，我們衷心期待與各界朋友能夠有不同形式的合作與互動。

「智理文化」編委會

覺慧居士介紹

張惠能博士（覺慧居士），香港大學畢業和任教，修讀電腦科學及專門研究人工智能。少年時熱愛鑽研易經、玄學及命理。廿多年來，深入研究及教授心得，未曾間斷。

覺慧居士「玄學系列」著作：《八字心悟》、《八字心訣》、《八面圓通》。覺慧居士「易經系列」著作：《周易點睛》、《易經成功學》。

溫民生介紹

筆者溫民生先生，1978年畢業於香港大學機械工程學系。畢業後取得專業工程師資格，歷任港鐵工程項目主管，房屋署屋宇裝備工程師等職。

溫先生向醉心玄學，2005年始先後從中州派王亭之老先生首徒蔣匡文博士、高徒葉漢良先生習玄空風水及紫微斗數，略有所悟。其後更因緣得遇覺慧居士於中華智慧管理學會，再拜師研習八字，距今已歷逾十寒暑。

溫先生也曾參與修輯覺慧居士再版《八字心悟》，及於中華智慧管理學會每年發報流年預測，並於2017年在學會開授「八字十式」。

增修八字百訣

八字百訣原書自序

命學之「至高境界」

命學之「至高境界」是甚麼呢？有沒有甚麼可以放諸四海而皆準的「絕招秘訣」呢？答案就在《八字百訣》所展示的「方以智」、「圓而神」的基本普遍法則〔通則〕心訣之中。這個以「通則心訣」形式的研究命理方法，並不見於其他命書；其目的就是為了直指命理之核心，希望讀者不要迷失於命理之枝末之中。

在批命論命的過程中擁有一定程度的想像力固然很好，但仍然要以命理之通則循序推理。命理之通則，亦即是指八字之基本普遍法則，一定離不開陰陽、五行、十神、類象、靈機、流通、旺衰、生剋、制化、形象、氣勢、合沖、成敗、賓主、體用之變化。這種歸類方式，其他命書未曾如此縝密，您若能熟練本書中的「通則心訣」，自然能夠於命學心領神會，日久功深，析理竟原，最後自能悉臻微妙。若能進一步修成命學的「通則心訣」，即是進一步能以命理之「進退抑揚」、「物極必反」通則來修心養性者，並以「真愛」與「慈悲」來幫助他人化解因命運不能十全十美所帶來的負面心理狀態，才能算是達致命理之「至高境界」。

人生如何才能做到「知命用命」呢？當知談論命理最忌是完全的宿命論。宿命的人甘於命運的安排，因此而喪失了在逆運中奮鬥不懈的精神。所以，寧取不相信有命運這回事，也不可取宿命論。至於若真要做到「知命用命」，就只有能不執著此兩種極端，並緊持著以「真愛」與「慈悲」來改造自己及他人之命運；如能這樣，自然便能成為改善生活、知命用命之大智、大仁，大勇者了。

時代在變，觀念在變，世界在變，正所謂「變幻才是永恆」，所以研習命理，在於「知變」，決不要落入傳統論命彊化的封建思想牢籠。例如在傳統論命中，所謂刑夫剋子的女命，在今天的社會不見得就不好。因為從前的女性以夫為貴、以子為貴，但現代女性的事業成有些就比男性可能還更大；從前封建社會追求百子千孫，所以女子往往只是生兒育女的一部機器，故提倡女子無才便是德、三步不出閨門等，但現代女性也可盡顯才華、巾幗不讓鬚眉，確能掌半邊天了。所以，《八字百訣》便特別提出了論命也必須隨着時代改變而變的大道理。絕不能只是墨守成規，一成不變，這就是命學中「知變」之道。另一方面，論命也有所謂「萬變不離其中」者，因論命始終也離不開八字之基本普遍法則，即是陰陽、五行、十神、類象、靈機、流通、旺衰、生剋、制化、形象、氣勢、合沖、成敗、賓主及體用等，這就是命學中「不變」之道。只要在命學研究中，能善於分別，了悟清楚何者為「可變」、何者為「不變」，即已能掌握命理中「知萬變」之智慧、深明命理之奧義矣！

對於已有命理基礎的人來說，《八字百訣》能解開您在命學之中許多百思不解的問題。您更能從中領悟三元五行推旋之天機，並循其理以安其命，自在隨緣，明心見性；您更能以之為方便法門，作無畏施，度人迷津，廣結善緣，福慧雙修，讓人世間更美滿，感受人生時時日日是好時節。

覺慧

謹識於戊子年處夏

八字百訣八字百訣原書代序

去蕪存菁，自成一家

已不記得是那一個年頭開始，每個月的第二個週末下午，在繁盛的山林道上，一棟毫不起眼的大廈裏，熱切而溫馨的、鬧哄哄地，聚集了一群虛懷若谷、好學不倦的朋友。當中不乏博士碩士、傑出學者、企業家、不同行業的精英、退休與專業人士、白領上班族等。不分性別年齡、不分職業學歷、更不論貧富、貴賤與智愚，經常座無虛設，期待著張博士的來臨，分享他對「八字命理」的心得和智慧。他把玄學、佛學、命理與人生，深入淺出，不厭其煩、透徹地闡釋，跟大家分享他經過多年探索、廣博的中華文化的圓融智慧，他精彩的演講，往往透著引人的的魅力，觸動著每一位有緣人的心坎。那是《中華智慧管理學會》每月最受歡迎的免費講座之一。晃眼間數年過去，很多原來對八字命理一無所知，對生命一片混沌的朋友，逐漸成為隨手沾來，便可議論一番的「八字專家」。對生命，有了更深層的體悟；對人性，有更明智的認識；對人生，有著更廣闊的視野和積極的動力。

命運是如此神祕，卻又是如此真實。自古以來，人類對命運，有著無限的好奇和憧憬。孔子在《論語》的《堯曰第二十》終篇裡說：「不知命，無以為君子也；不知禮，無以立也；不知言，無以知人也。」漢武帝劉徹的不朽名言：「不謀萬世界者，不足謀一時；不謀全局者，不足謀一國。」對命運沒有透徹的認識，往往使人迷失在紛亂的表像和瑣事中。人的命運，往往由無數不同的力量相互交錯而成。人雖然很多時被客觀的、無法控制的環境所局限，但歸根結底，最重要的，還是個人的意志和抉擇，它才是決定成敗最重要的因素。孟子說：「天將降大任於斯人也，必先苦其心志，勞其筋骨，餓其體膚，空乏其身，行拂亂其所為。」不利的因素，往往會變為成功的動力，這全看個人的堅毅和努力，精誠所至，金石為開。

中華文化玄學裡的命理學，本源是陰陽五行等易道傳統智慧思想，窮盡人生順逆進退之理，所以根本就是光明正大，並沒有倡導甚麼迷信。可惜今天，有很多人都掉進了盲目迷信命理的陷阱，這「迷」與「不迷」，分冶在於心態。凡是自己抱有不勞而獲之心、或心存歪念，對命理往往便不能以理性來判斷，自然容易迷信算命，並只懂盲目地跟從「算命先生」的「指點」。反之，若能透過命理學，更明白自己的性格盲點、命運順逆的奧秘和變化規律，然後根據理性及客觀的分析，審時度勢，作出明智抉擇的，就絕不是「迷信」，而是「生命智慧」。可惜接觸命理學的眾生，總是「迷」的多，「智」的少。南懷瑾先生說得好，學習玄學，最重要的是能分清什麼是「可信」，什麼是「不可信」。

科學的精神在求真，對於一切能幫助揭開宇宙奧秘的蛛絲馬跡，都不應存有任何偏見，應抱著「敞開創意、大膽嘗試、小心求證」的客觀態度，去探求真理。現代的統計學，強調準確性與實用性，例如在管理學、電子與工程學裡的系統理論(System Theory)中的黑箱論(Black Box Theory)，著重輸入(Input)和輸出(Output)的實用效果，流程中的操作(Througput)和科學原理反而顯得次要，有時甚至不知其理，只重其終極效果。又如常用的「混沌邏輯」(fuzzy logic)等類似例子，俯拾皆是。八字命理學，可以說是中華文化裡一種「知其然而不知其所以然」的智慧，雖早已經過千百年的實踐，證明有一定程度的準確性，備受當時的有識之士重視，可惜對於一些現代「迷信」科技或別有用心的人來說，不單不曾考慮客觀地研究先哲們積累的寶貴經驗和「不解之迷」、尊重人類文化凝聚的智慧，甚至看成為「妖言惑眾」的「異端邪說」，予以鄙夷及排斥；又或利用其「神秘性」

而招搖撞騙，成其私慾，這是很可惜的現象。科學，猶如宇宙大海裡一張無限量地伸延的大網，試圖把海裡的一切物體網羅起來。但無論這張網有多神通廣大，總會有「漏網之魚」。我們不應把網羅不到的，就不承認它們的存在和價值。世間的學問，除理性外，尚有非理性及其他人類未知的範疇。正如莊子苦口婆心地指出：「計人之所知，不若其所不知；其生之時，不若未生之時；以其至小，求窮其至大之域，是故迷亂而不能自得也。由此觀之，又何以知毫末之足以定至細之倪，又何以知天地之足以窮至大之域！」

張博士出身理科，深受西方教育的薰陶，他的博士論文專研電腦人工智能，是典型的現代科學教育培育出來的社會精英。而在全然理性的知識探求中，張博士意識到理性和科學方法的局限，開始研究非理性玄學的奧秘，鑽研命理之學，並在佛家的領域中，尋到人生的真諦。在研習的過程中，經歷無數案例的實踐，開始更體會因果的報應、命運的玄機、眾生的苦惱。抱著慈悲為懷的菩薩心腸，實踐自度度他的宏願，雖面對眾生難度，亦誓願度。其志向和奉獻的精神，令人欽佩。張博士研習八字命理多年，遍閱古今典籍，經歷不少迷途之苦，最後經過無數實踐和驗證，去蕪存菁，自成一家。配合現代科學理據，綜合多元學科和客觀分析，用以判斷個人性格和命運，它的準確性每有奇效，因而稱頌于友輩，求學者日眾。《八字百訣》是張博士年來開辦「八字百訣」講座的精華，累篇成書，用以普渡有緣人，格物而致知、誠其意、正其心、而後修身齊家治國平天下。

智慧無價。在毫無保留的傾囊傳授過程中，張博士經常強調修心養性和堅信因果的重要。一句無心之失，可以「造孽」，一句善心之詞，可以「救世」。去私慾、常懷慈悲心、自度度他、福慧雙修，願與有緣者共勉。

中華智慧管理學會會長
彭泓基（常空居士）
戊子年冬

八字百訣八字百訣原書代序

心法中之心法

孔子曰：「不知命，無以為君子；不知禮，無以立也；不知言，無以知人也。」古往今來，大學者大思想家大政治家，無不精通命理，或旁通五術（山、醫、命、相、卜）。所以，管子善易卜，曾國藩傳冰鑑，以及儒生士大士們應有「不為將相，便為良醫」的氣魄！

從前的五術，多於儒生學者羣中玩味；時至今天，科技發達，人們已經可推進火星之門，互聯網更把整個外面世界濃縮到一部電腦之內；現代人真的可以足不出户而知天下事。可惜，科技越進步，人心越膽怯；資訊越普及，內心越空虛；全因我們更加了解自身的無助，或命運的不合理性。

故孔子又曰：「四十而立，五十知天命。」當我們遇到挫折，午夜夢迴時，常常捫心自問，是否命該如此，或曰天意弄人；是以我們更應懂得立身知命的道理和順流逆流的可貴。

然而，想知命或不服輸的我們，開始研究命理，意圖一窺自身命運的關鍵，從而趨吉避凶，化險為夷，以免鑄成大錯；又或順風順水之際，能夠乘風破浪，一登龍門，從此大富大貴；殊不知性格決定命運，每十年、十二年來一次測驗，如果我們不能改變自己性格，仍然會一錯再錯；到最後回首一生，我們還是會慨嘆為何如此，為何偏偏選中我！

所以學命的我們，要先檢查自己的動機，是為了幫助別人，或是糊口，或純粹意圖偷窺生命的奧秘。但不論如何，懂論命的要教人樂天知命，更要學懂説話的藝術和技巧。

話説回來，學命理之術，根基要穩，應先學八字為佳。但子平八字之艱深，已經是公認不爭的事實。傳統命理之術，我們通常學用神，十神，通關，調候，格局，扶抑，洩剋；不過，依我自己學習經驗的心得，就算學懂了這些方法，還是不能鐵筆論命。原因是這些方法論，只是大原則，不能死背瞎用，正如一招功夫不能用老，要靈活變通，當下變招，才是真功夫，方是大師傅。

覺慧居士，得天獨厚，聰敏過人，親看他論命是人生快事，因他不廢吹灰之力，手到拿來，點中要害，往往令人目瞪口呆，讚嘆不已。但其實最重要是他論命時説話的藝術，使人重拾信心，安心上路，繼續拼博。

覺慧居士有鑑於我們學命理者，很多時候不得其門而入，編了這百訣來幫助學人，這些都是他論命多年經驗之總結，亦即心法中之心法；對於已有少少根基，和對以上提及的方法論有少許認識的我們，如果能夠思考這些心法，當我們遇到難題時，或此路不通時，嘗試用這些秘訣來打通關節筋脈，我保證大家的論命命中率可以更上層樓。

我希望讀者慢慢細嚼百訣的心法，更希望這書能夠一紙風行，造福學人，因為只有樂天知命才是真君子。

通明居士

寫於戊子年冬至

通明書齋

八字百訣八字百訣原書代序

八字研究中的聖經

認識覺慧居士已久，初時看到的是他於科學研究的成就；他在上世紀於國際級會議所發表的學術論文，已證明他的思想走在人類最尖端的位置。認識愈深，愈佩服覺慧居士非凡之想法：他打破固有既定的觀念，將術數和統計學集合研究，將傳統的知識與科學結合，更把其概念以簡單易明的文字向大眾演繹，將一向令人覺得神秘和高深莫測的術數知識，有系統地展現於讀者面前。

《八字百訣》深入淺出，是一本理論精密，又具有實踐價值的作品。本書內容涵蓋廣泛，百訣雖是各自獨立、立竿見影，合起來卻又能完全窮盡了八字命理中的普遍法則，所以本書將會是八字研究中的聖經。書中百訣，更引用了數以百計的大眾熟悉的人物作命例，令讀者能輕易地從中體會每一個心訣的奧秘。

很多人接觸到八字命理，便往往會被其準確性所吸引。然而一般人與玄學緣淺，坊間真正明師難尋，故而明知八字於人生的影響，卻又未能依循正確方法去學習，故不能達致知命用命的境界。

玄學學問博大精深，當中任何一門學問，也能讓人窮一生之力去鑽研。要有效地步入學習八字的門檻，要了解這我國五千多年的文化累積而來的知識，殊不容易。能接觸到本書，是閣下與覺慧居士之緣，亦是閣下與八字命學之緣。請莫讓知命用命之良緣擦身而過，務必好好細味本書，閣下必能有所頓悟。

林月菁

八字百訣八字百訣原書代序

常於命理覓無常

少年時，出於對未來的好奇，很喜歡算命。中學時，一位會算命的老師說我是「鳳命」，將來不用工作，做做慈善事業便可。當時我想，不工作豈非很沉悶？九十年代，我開始對術數產生興趣，曾跟一位屬神煞派的朋友學八字。她把我的八字抄到黑板上，排出運程，然後說到我出情況的那一個運，是「官行官運，破鏡衩婚」(意即八字原局有官星，再遇大運中的官星，主夫妻分離)。也曾光顧在路旁的算命檔，其中一位預測我從這個運開始，就如「黃鱔上沙灘，唔死一身潺」。

這些預言都非同小可。自此，十多年來，我很留意將會有什麼特別的事情發生在自己身上。由於先生往外地工作，我相對地較清閒，自九十年代中期始，只幹些公職和兼職差事。中學老師的預言算是靈驗了。最想不到的是，到了「官行官運」的那個運道，果然就是夫妻分隔，天各一方。萬幸的是，那運道過去之後，夫婿又順利回來。不過，「唔死一身潺」的那個斷言，暗示將來還有隱憂，而略懂八字的自己在細察運道後，亦了然未來尚有災殃，現在是茫然無所覺而已。

最大的幸運是自己在1997年前後開始親炙佛學，心靜如水，凡事皆能以平常心待之，遇挫折則以「還業」或「修行機會」來安慰自己。再不安便持咒唸佛，便能領悟處處齊平之境。近年有機會隨覺慧居士修學佛法，更是難得的機緣。奇異的是，認識覺慧居士，卻是從八字班開始。覺慧老師熱情、熱心，給我留下深刻印象。後來了解到老師將開講佛經，除了「壇經禪修」、「楞伽禪修」及「圓覺禪修」，還將開辦「楞嚴禪修」，恰好都是我有興趣修習的佛經。正是因八字而結法緣，巧妙離奇。

本來經多年修習而只寸進，我對術數已開始荒疏。學佛後更認定佛是大道，術是小道，漸行漸遠。近年因家事沖刷，未能免俗，常於命理覓無常。加上友儕中不時有難解難脱各式網羅，舉凡牢獄之災，抑鬱而欲覓短見，種種災厄，覺慧老師皆能循循善誘，通過對八字的分析解説，引迷者出幽廓。使我漸悟八字命理，只是工具，既可導人入迷，誤陷宿命，無所作為；亦可助人撥清雲霧，知命造命，更上層樓。

老師年前已撰寫《八字心悟》，及把面相與八字結合的《八面圓通》，今再出版《八字百訣》。

對「八字」這個生命密碼感興趣的朋友，萬勿失諸交臂，值得把老師這幾本書都找來仔細閱讀，相互參詳研究。

敏儀

2008年平安夜

八字百訣八字百訣原書代序

有系統的八字命理推算鍛鍊

《八字百訣》是八字命理學的新突破！

《八字百訣》中所傳授的一百個絕招秘訣，內涵廣泛而不被局限！這一百個秘訣並不是甚麼標奇立異，也不是在玩弄甚麼花巧創新，《八字百訣》只是在提倡「實際」，主張「直接了當」。若説《八字百訣》是一派新八字命術，倒不如將之比喻為「有系統的八字命理推算鍛鍊」。

覺慧居士曾經説過：「當你完全明白八字命理之道時，你便會知道八字命理中是沒有任何一種固定的『格式』或『流派』的。」換言之，覺慧居士強調『八字命理之道』，並不能如甚麼神煞派、調候派、十神派、捉用神派、賓主體用派〔盲派〕等流派般只重視某一些型式格局來論命。所以《八字百訣》所顯示的八字命理的技術和理論範圍，可以説是各種玄學、各命理流派的精粹所溶滙，配合上直接有效的技巧和理論而成，而施用時則是以最簡單而經濟的方法去推算，務求能「一眼看穿、一語道破」每一個八字的底蘊。

《八字百訣》傳授了八字論命的一百個秘訣。覺慧居士曾經說過：「所謂『百訣』，其實也只是一個假數，請不要在這個數字中鑽牛角尖，這僅是象徵圓滿的一個代號！」簡單來說，《八字百訣》就是一條十分方便的八字命理捷徑，它會引領您登入八字命理之殿當，終能功德圓滿。當然，最主要的，還是要靠學習者在論命鍛練中的切身感悟；因為就算是一部天書，無論如何，也僅僅是引導您的一個輔助工具，至於能否成功，最終還是要如禪宗所說「自修自證自悟」呢！

最後，希望《八字百訣》這本書，能帶領您進入八字命理學最高的境界，並且藉以為人指點迷津，自利利他，使社會更和諧，世間更美好，這正是覺慧居士毫不保留地傾囊相授的菩薩心懷。

簡德明

《增修八字百訣》

溫民生　序

余自2006年始從吾師覺慧居士(張惠能博士)學習八字命學，轉眼逾十寒暑矣。

師之《八字心訣》自2009年1月出版，未幾迅速登上香港商務印書館十大暢銷玄學書籍榜，可見香港不乏具慧眼讀者，亦示老師是以赤誠與讀者分享心得者也。

《八字心訣》是老師繼《八字心悟》後發表的另一玄學系列作品，其後老師陸續出版的計有《八面圓通》(八字面相學)；易經系列的《周易點睛》與《周易成功學》等，為學者提供立身處世的陽明解惑正解。

《八字心訣》當初成書分上下篇共一百訣而成。以淵海子平，滴天髓為基，正五行學理為輔，盡透干支鬼藏神機。讀者能用心參悟，反複應用，久之自可暢行天下矣。

今老師應出版商力邀，再版此一紙風行斷版多時的經典，正名為《增修八字百訣》，沿用前《八字心訣》的編排，將全書分為上下兩冊發行。究其原因，吾師欲與有緣人分享他經歷過去十年持續研究八字批命和修行的心得，尤其是由吾師始創之化繁為簡的八字十式，以及吾師把其參悟道家聖者之修真心法、陰陽五行之修道悟證，還有導人御正道處世的周易成功心法等，均一一納入此增修版內，故其內容比舊版加倍充實，為方便學者輕鬆閱讀故，是以分為兩冊發行。

本增修版上冊乃八字之基礎理論共七十五訣，配相關命例逐一闡明，由淺入深，助有志此道之讀者築基；而下冊選用滴天髓之精華共二十五訣，分為滴天髓心悟之初關，重關和牢關。而下冊附篇則收錄了以下之命學濃縮精華，計有：

附錄一：八字十式

附錄二：滴天髓口訣

附錄三：梅花易數

附錄四：陰符經

一書而兼如此豐富珍貴資料，確實是一本作為八字玄學愛好者不容錯失的寶典呢。

余有幸奉師命為此書作修訂並賦序，實有榮焉！

學生　溫民生　恭謹頂禮。
記於己亥年初夏

增修八字百訣

目錄

【下篇：圓而神】

第一章：《滴天髓》心悟：初關 31
第七十六訣：通天論口訣
（滴天髓廿五訣之一）..................32
第七十七訣：天干論口訣
（滴天髓廿五訣之二）..................34
第七十八訣：地支論口訣之一
（滴天髓廿五訣之三）..................40
第七十九訣：地支論口訣之二
（滴天髓廿五訣之四）..................45
第八十訣：干支總論口訣
（滴天髓廿五訣之五）..................52
第八十一訣：源流論口訣
（滴天髓廿五訣之六）..................56
第八十二訣：體用精神旺衰論口訣
（滴天髓廿五訣之七）..................58
第八十三訣：方局論口訣
（滴天髓廿五訣之八）..................62
第八十四訣：通關論口訣
（滴天髓廿五訣之九）..................66

第二章：《滴天髓》心悟：重關 69
第八十五訣：六親論口訣
（滴天髓廿五訣之十）..................70
第八十六訣：女命論口訣
（滴天髓廿五訣之十一）................74
第八十七訣：小兒命論口訣
（滴天髓廿五訣之十二）................78
第八十八訣：性情論口訣
（滴天髓廿五訣之十三）................81
第八十九訣：形象論口訣
（滴天髓廿五訣之十四）................88
第九十訣：奮鬱論口訣
（滴天髓廿五訣之十五）................95
第九十一訣：剛柔順逆論口訣
（滴天髓廿五訣之十六）................98
第九十二訣：寒暖燥濕論口訣
（滴天髓廿五訣之十七）...............102
第九十三訣：隱顯眾寡論口訣
（滴天髓廿五訣之十八）...............105
第九十四訣：震兌坎離論口訣
（滴天髓廿五訣之十九）...............109

第三章：《滴天髓》心悟：牢關 115
第九十五訣：真假論口訣
（滴天髓廿五訣之二十）...............116

第九十六訣：從化論口訣
（滴天髓廿五訣之二十一）..............121
第九十七訣：順反論口訣
（滴天髓廿五訣之二十二）..............128
第九十八訣：歲運論口訣
（滴天髓廿五訣之二十三）..............134
第九十九訣：清濁論口訣
（滴天髓廿五訣之二十四）..............138
第一百訣：貞元論口訣
（滴天髓廿五訣之二十五）..............143

附錄一：八字十式 145

附錄二：滴天髓口訣 165

附錄三：梅花易數 233

附錄四：陰符經 297
（陰陽五行法修行經典之二）

第一章：初關

《滴天髓》心悟

[下篇：圓而神]

第一章：《滴天髓》心悟：初關

第七十六訣：通天論口訣（滴天髓廿五訣之一）

> 欲識三元萬法宗，先觀帝載與神功。
> 坤元合德機緘通，**五氣偏全論吉凶。**
> 戴天履地人為貴，順則吉兮悖則凶。
> 欲與人間開聾瞶，**順悖之機須理會。**
> 理乘氣行豈有常，進兮退兮宜抑揚。
> 配合干支仔細詳，**斷人禍福與災祥。**

1. 要學好命理，《滴天髓》一書先要熟讀，再配合實際經驗，方能理解清楚。
2. 《滴天髓》的論命下手處就是所謂「五氣偏全論吉凶」。命理中以五行流通、中和為上選；五氣偏則有凶，全則取吉。故論命重點在於五行生剋制化是否得宜。
3. 整部《滴天髓》的終極心法是：「順悖之機須理會」。只有真正能懂得順悖之機的人，才能成為真正的命理高手。
4. 論命最終能夠「斷人禍福與災祥」，因為原來命理就是自己、父母、兄弟姊妹、左鄰右舍、親戚朋友的生活徵驗。

命例：

1. 民國初年財政總長王克敏：
   - 命造：丙子、壬辰、壬申、乙巳
   - 大運：癸巳、甲午、乙未、丙申、丁酉、戊戌
   - 新壬水日主坐申，生辰月火已為進氣得令，地支申子辰會水局，月干壬水透出，年干丙火透出得令，復得地於乙巳時，身旺財官皆有氣，大運一路木火土，遂貴為財政總長。
2. 老境頹唐之乾造：
   - 命造：丁卯、壬子、壬申、甲辰
   - 大運：辛亥、庚戌、己酉、戊申、丁未、丙午
   - 與上造同為壬申日主，上造生於三月，財官進氣，此則生於十一月劫財用事，財官無氣，地支亦申子辰會水局，月干壬水透出，水勢沖天奔地，年柱丁卯時柱甲辰，按理必須用火，無如丁壬一合火失其焰，甲木為丁之所喜，本可生丁，但遠隔時干，且生於十一月，濕木何能生火？枯木無用，只能順其氣勢，反不見火為美，運行辛亥，庚戌，己酉，戊申四十年，西北土金水之地，丁財並旺，富甲一鄉，一至丁未資財暗耗，繼行丙午老境頹唐。

〔此二命例均擇自徐樂吾之《滴天髓補註》，徐氏云：「上兩造，依五行之理，同為傷生財，因氣候之進退而有可用不可用之別。王造行木火運而貴，某造行金水運而富，其喜忌恰正相反。可知理氣之進退，關係甚鉅也！王造五行隨四時之氣以進退，更要詳察干支之配合，如王造年干透丙坐子，丙為太陽之火，而正值向旺之時，不畏水剋，某造年干透丁坐卯，丁為爐冶，又被壬合去，盡失寒木向陽之用，枯濕之甲木，不能洩水之氣，加以年時遠隔，氣勢不接，故某造不能用火也。」〕

第七十七訣：天干論口訣（滴天髓廿五訣之二）

五陽皆陽丙為最，五陰皆陰癸為至。 五陽從氣不從勢，五陰從勢無情義。

1. 所謂「五陽皆陽」者，是指陽干為剛健主動的，所以便縱是環境不良、衰滅亦不變其性。故有甲木「植立千古」、丙火「欺霜侮雪」、戊土「萬物司命」、庚金「剛健為最」及壬水「沖天奔地」之說。
2. 所謂「五陰皆陰」者，是指陰干為隨順被動的，非有好的環境，不是以顯其用。故有乙木「籐蘿繫甲，可春可秋」、丁火「如有嫡母，可秋可冬」、己土「若要物旺，宜助

宜幫」、辛金「熱則喜母，寒則喜丁」及癸水「癸水至弱，得龍(辰)而潤」之説。

3. 所謂「丙為最」者，以萬物始於火，故丙火之剛健主動性必強於其他四陽干。
4. 所謂「癸為至」者，以萬物生於水，故癸之性柔順必弱於其他四陰干。
5. 所謂「五陽從氣不從勢」者，是指陽干性質剛健，非至本氣死之地，不能言從。
6. 所謂「五陰從勢無情義」者，是指陰干性質柔弱，見四柱才旺則從才、殺旺則從殺，即使通根月令，亦在所不計，只要有勢可從即從之而去。

命例：

1. 東北軍閥張作霖命造：
   - 命造：乙亥、己卯、庚辰、丁丑
   - 大運：戊寅、丁丑、丙子、乙亥、甲戌、癸酉
   - 庚金本身「剛健為最」，生卯月雖屬休囚，但得月干己土及自坐辰土貼身之生，故轉弱為強，不能言從。年柱乙木透出，年月支亥卯半會木局，幸為月干己土所隔而不洩日主庚金之氣，日支辰土，時柱丁丑，俱能助旺己土。命局用神當以丁火剋金以成其貴為用，是為時上一位貴格。大運丙丁之

運固佳，但不及乙亥甲十五年財旺生官之美，所謂大貴用財不用官者是也。至戌運戊辰年遭皇姑屯之變者，是年五十四歲，戊辰甲戌，歲運相沖，又沖日支，犯天羅地網，是以遭凶也。

2. 白崇禧將軍，中華民國國民革命軍一級上將，有「小諸葛」之稱。白崇禧將軍命造：

- 命造：癸巳、乙卯、庚戌、戊寅
- 大運：甲寅、癸丑、壬子、辛亥、庚戌
- 庚金本身「剛健為最」，生卯月休囚，地支財殺並旺，月干乙木透出，與日主庚乙合，雖遇時柱戊土透干，但大運木水，再助旺財星，故庚金從其氣勢，庚乙合而化木，是夫從妻化之假從化格，能成真格。尤幸大運一路木水之地，喜用齊來，化神木強旺為用，此即陽干從氣不從勢之例證也。木主權謀膽氣，故小諸葛之名，果非浪得也。
- 白崇禧將軍之命造，有說為庚金得戊土相生故不能從木，筆者不敢苟同。很明顯這是庚金從木氣勢，庚乙合而化木，是夫從妻化之假從化格，能成真格，這是「陽干從氣不從勢」故。

3. 某富翁命造：
   - 命造：戊辰、甲寅、壬戌、丙午
   - 大運：乙卯、丙辰、丁巳、戊午、己未、庚申
   - 壬水本身「沖天奔地」，春月壬水，氣值休囚，支全寅午戌，而干透甲丙戊，木火勢極旺，四柱無金以相生，壬水氣勢瀕臨絕境，不能不從，是為棄命從財格，運走南地，擁資數千萬，富甲一方，一至庚申運，生扶壬水，是為破格，是從格之最忌，財耗祿絕，此造即陽干從氣不從勢之例證也。
4. 禍國殃民大軍閥張宗昌命造：
   - 命造：壬午、壬寅、壬寅、壬寅
   - 大運：癸卯、甲辰、乙巳、丙午、丁未、戊午
   - 壬水本身「沖天奔地」，春月壬水，本來氣值休囚，但四壬並見成天全一氣，加上年月寅午雖半會財局卻未透天干，財星勢不足，故勢難成從格。命局以水木火三行，火力偏弱故未能成象而論之。早年行水木運為忌，出生窮苦家庭，幼年失學，父早亡，淪為市井無賴之類。十八歲後到東北闖蕩流浪，做過壙工，保鏢，之後因為在哈爾濱殺人，到海參崴做了土匪。於丙午、

丁未大運，三行因火用神旺盛而能成象，故適值辛亥革命，率一眾綠林兄弟投靠山東都督胡瑛，開始其從軍生涯，隨其順運，二十年扶搖直上。張宗昌是北洋軍閥當中聲名最劣的一個，主政山東時土匪作風不改、無建樹可言、販賣鴉片、勾結日本等等；被當作是禍國殃民的軍閥範樣。及後於戊運中，遭仇殺凶死。

- 張宗昌之命造，有說認為是從格，筆者則不以為然。因為這若然真是從格，大運癸卯便應為順運，絕無出生窮苦家庭，幼年失學，父早亡，淪為市井無賴之理。

5. 民國初湘軍總司令趙恒惕命造：

- 命造：庚辰、戊子、戊子、庚申
- 大運：己丑、庚寅、辛卯、壬辰、癸巳、甲午
- 戊土本身為「萬物司命」，但戊土日主，生十一月，地支申子辰會財局，日元無托足之地，加上干透兩庚洩戊生水，不得不從，是謂從財格。大運僅壬辰及癸水十五年得意，故於1911年任廣西陸軍混成協協統；辛亥革命後廣西宣布獨立，任新軍混成旅旅長，其時武昌危急，他隨廣西督軍沈秉坊龍率

部馳援，任第二軍軍長；1912年4月奉調南京衛戍，任第八師十六旅旅長，10月回湖南，曾任第一軍副司令，屯駐湘北；1916年任湘軍第一師師長；1920年任湘軍總司令；1921年兼湖南臨時省長；1922年任湖南省長；可謂步步高陞。及後巳運戊土得祿，不免求全之毀，故於1926年隱居上海。

6. 民國初外交總長伍庭芳命造：
   - 命造：壬寅、丁未、己卯、乙亥
   - 大運：戊申、己酉、庚戌、辛亥、壬子、癸丑、甲寅、乙卯
   - 己土本身為「若要物旺，宜助宜幫」，己土生於六月，土正當令，本是通根月氣，然而地支亥卯未木局，又年支坐寅，方局齊來，時干透乙木，年月干丁壬合而化木，木之勢盛，己土不得不棄命從財矣，此即「陰干從勢無情義」者也。早年行金運，於香港已成為首位取得外國律師資格的華人，亦是香港首名華人大律師和首名華人立法局非官守議員。及致戌運己土得祿，因投資生意失敗，被迫辭去立法局議員一職。運程中年後，一片水木旺地，喜用齊來，往中國從政，官至外交總長，是中國近代有名的外交家，名重當世。

第七十八訣：地支論口訣之一
（滴天髓廿五訣之三）

陽干動且強，速達顯災祥。
陰支靜且專，否泰每經年。
天戰猶自可，地戰急如火。
合有宜不宜，合多不為奇。

1. 這裡所指的「陽干」並非單指「甲丙戊庚壬」，而是指所有的天干合計；「陰支」亦非單指「丑卯巳未酉亥」，而是指所有的地支合計。所謂「陽主天、陰主地」，故有這天干為陽、地支為陰之說法。
2. 所謂「陽干動且強，速達顯災祥」，是指天干由於顯露於外，加上性質單純，故天干之為吉為凶皆是動而有為；吉凶動而快速、顯而易見，如剋洩交加災禍即刻見，如果有生有扶，即刻見好。
3. 所謂「陰支靜且專，否泰每經年」，支主地，藏納於下，加上性質複雜，若吉神暗藏，或凶物深藏，一時不起禍福變化，故吉凶是靜而應慢，非歲運引動，休咎不顯。「經年」者，言歲運相催也。
4. 這裡所指的「天戰」，即是天干相剋，如甲庚、乙辛、丙壬、丁癸；戊己見甲乙，戊己見壬癸，都屬於天戰。「地戰」正確來說是寅申，巳亥，子午，卯酉，四沖。另外，辰戌，丑未只是沖而無戰，所以能計算在地戰之內。

5. 所謂天戰，即是天干剋戰，只要地支仍然順靜便沒有問題了。但若是地支相沖，天干就無能為力相助了。因為天干以地支為根，地支以天干為苗，如果苗萎壞而根無損傷，依然可用；如果根受損傷，便縱是苗無剋戰，亦都變成無用。
6. 天干若有沖戰，而地支為根卻會合有力，可以對天干有一定的助力；但若是地支沖戰，天干就無能為力了！
7. 可知天干沖戰是較輕微的，地支沖戰就嚴重得多了。故說「天戰猶自可，地戰急如火」。
8. 何謂「合有宜不宜，合多不為奇」？合是指天干五合、地支三合六合、及暗合等。合並非一定能化，若要能化，化神一般必須得時得地、成方成局。此說尋常相合皆不以化論，只能作被牽絆論，是情意固結，志不能遠達之象，故云「合多不為奇」。
9. 古人論命，遇合便取吉，這是謬論。例如木生於冬天月令而天干丙火透出，但被辛所合，則丙火被牽絆而盡失其用，是合之只宜也，故云：「合有宜不宜」。

命例：

1. 陳公博(即汪精衛偽政權行政院長)命造：
   - 命造：壬辰、庚戌、甲申、丙寅
   - 大運：辛亥、壬子、癸丑、甲寅、乙卯、丙辰
   - 八字四柱純陽，月柱庚金七殺透干，日主甲木被申金七殺相剋，加上時柱食神透出，可謂剋洩交加，以壬水偏印星洩庚金七殺、化殺為權為用，大運水木，自應顯貴無疑。天干甲庚、壬丙相戰，幸無關輕重，以「天戰猶自可」故；但地支辰戌沖、寅申又沖，正是「地戰急如火」了，此乃八字生而帶來之地戰，自應死於非命。民三十五年，值抗戰勝利之初，大運乙卯，流年丙戌與八字年柱壬辰天剋地沖，丙戌又為天羅地網，癸巳月伏法而死。
2. 軍閥時代「笑虎將軍」孫傳芳命造：
   - 命造：乙酉、庚辰、壬寅、戊申
   - 大運：己卯、戊寅、丁丑、丙子、乙亥、甲戌
   - 日元壬水，以時干戊土年為七殺、月干庚金為印。庚乙逢合，若乙木能化金便成殺印相生之局，主大貴；若庚乙不能合化，則作庚金被羈絆論，為平凡命造。幸而此造乙木遇地支酉金，

日支寅木又遇申沖剋，正是「陰干從勢無情義」，故乙木從庚金而化金，這正好是「合而得宜」也。金印既旺，便能任強殺相剋，故能在大運丑土、丙火十年，因歲運相助七殺，貴為五省統帥。其後，四十二歲大運子水，流年丙寅，寅申刑沖並見，所謂「地戰急如火」，失敗下野。

3. 民國初浙江都督朱瑞命造：
   - 命造：癸未、乙丑、壬戌、庚子
   - 大運：甲子、癸亥、壬戌、辛酉、庚申、己未
   - 壬水日元，日支坐殺，月提見丑，年支坐未，丑戌未三刑見全，時逢羊刃，日主剛強，天干庚金透出，三刑土旺而氣更盛，以印化殺為用，早年水運孤苦，至戌運土更旺盛得庚金化殺為權，貴為都督，至辛運丙辰年，丙辛合而化水，庚子辰三合又化水，金印全被奪去而藥石亡身，這是「合有宜不宜，合多不為奇」的好例證。
4. 軍閥時代北洋皖系核心人物徐樹錚命造：
   - 命造：庚辰、丁亥、甲辰、壬申
   - 大運：戊子、己丑、庚寅、辛卯、壬辰、癸巳

- 甲木日主，生於亥水月令，木得長生，盤根在辰，甲木乘旺，月干丁火傷官吐秀，才華出眾，惜丁亥時合、加上時干壬水傷丁為病，名利不免只屬空中花而已。大運庚寅、辛卯，丁火逢生，流年火土，運籌決勝，洋洋得意；一入壬運丁火受傷，慘遭仇殺，這亦是「合有宜不宜，合多不為奇」的另一好例證。

5. 軍閥時代北洋直系核心人物蔡成勳命造：
   - 命造：壬申、庚戌、乙卯、乙酉
   - 大運：辛亥、壬子、癸丑、甲寅、乙卯、丙辰
   - 乙木日元坐卯木專祿，月干庚金透出，庚乙逢合，地支會成申酉戌西方金局，官旺以殺論，幸得年干壬水印透出，化殺為權，此所以貴也。惜命局天干地支俱成金木大戰，日時之支卯酉逢沖，庚乙合剋日主己木，大運亥水、壬子、癸水化殺為權，成就貴命；一至丑運，方局齊來沖剋日支卯木，正所謂「天戰猶自可，地戰急如火」，故壽元不永。

第七十九訣：地支論口訣之二
（滴天髓廿五訣之四）

> 生方怕動庫宜開，敗地逢逢沖仔細裁。
> 支神只以沖為重，刑與害兮動不動。
> 暗沖暗合尤為喜，彼沖我沖皆沖起。
> 旺者沖衰衰者拔，衰者沖旺旺神發。

1. 「生方」即是寅申巳亥，最忌逢沖，所以說「怕動」。例如：寅被申沖，就是甲丙之根被沖，生機都受捐，連同戊土支藏於寅申，亦忌沖動。故在《**滴天髓**》之『天干論』中亦云：「戊土固重，…，若在艮（寅）坤（申），怕沖宜靜。」
2. 「庫」即是辰戌丑未，又叫四墓庫，以土為本氣，土沖土，名叫朋沖，有越沖越旺之象，所以無損天干之戊己土。
3. 何謂「庫宜開」呢？如果某用神藏在庫內，例如若用神辛金藏於戌、丑中，即是用神入墓庫之中，有閉塞之象；墓庫若然逢沖，就反而好像把庫藏打開，使土中之物得以為用了。相反，如果墓庫遇合，就是更加閉塞了，例如若子與丑合，用神辛金藏於丑本已有閉塞之象，現在丑土還要被子合住，辛金就形成更加閉塞了。

4. 「敗地」即是子午卯酉，有喜沖有忌沖，而且無論喜忌都很明顯可見。例如若在子午卯酉之沖當中，如果能使到命中之喜用神被沖害受損，則自然是大忌；相反若命中之忌神被沖害受損，即非凶反吉了。故《滴天髓》亦云：「敗地逢逢沖仔細裁。」
5. 六害生於六合：子丑合，未沖丑害子、午沖子害丑。寅亥合，巳沖亥害寅、申沖寅害亥。卯戌合，辰沖戌害卯、酉沖卯害戌。辰酉合，卯沖酉害辰、戌沖辰害酉。巳申合，寅沖申害巳、亥沖巳害申。午未合，丑沖未害午、子沖午害未。
6. 地支的變化中，以沖的力量最大；三刑、六害則主要影響當事人之心理狀態，如變得好爭鬥、多疑、不安定、心動求變等，故對命局有間接影響，複雜微妙。
7. 當相沖之中同時包含相剋，命局必動，故吉凶變化清楚可見。至於刑、害之中，又有相沖、相剋、相生、相合等情況存在，故吉凶變必須要靈活地作全盤思考，所以有「刑兮害兮動不動」之説。
8. 《滴天髓》認為在刑、害之説中，除了刑沖並見之外，否則於命格影響不大。但是由於命理中的三刑及六害，直接影響當事人的性格和心理質素，所以絕不可輕易否定三刑、六害對命局的影響力。

9. 何謂「暗沖暗合尤為喜」呢？要知天干常動、地支常靜，此乃易經《系辭》之所謂「動靜有常」。故而天干宜動、地支宜靜；動者不喜羈絆，靜者不喜逢衝，故批命有「天干看合、地支看沖」之心法。其中天干五合易看，天干暗合則易被忽略看漏。例如：當命局之喜用神天干與大運之支藏干產生暗合時而受羈絆，對命局的影響力鉅大，極凶者甚至可至於死亡；相反若透過暗合而除去露於天干之忌神，則可稱為喜，含有暗中助力之象，故云：「暗沖暗合尤為喜」。
10. 有關暗沖之解說一般頗為勉強，其中只有清朝宰相陳素庵之《命理約言》之解說較為獨到。《命理約言》云：「凡局中原無官星，又無其他秀氣可取，始以日支相同多者，暗沖對宮之官，其力與本局官星無異。倘只有二支相同，則力薄而不能沖，必須三支四支方妙。」
11. 何謂「彼沖我沖皆沖起」呢？「我沖」、「彼沖」者，大凡命局之所喜者忌衝；喜者為我、忌者為彼。若能知道五行的衰旺，則可知兩支相衝的我勝彼負，或彼勝我負之類，而不以逢衝皆兇視之。

12. 如子旺午衰，子沖午則午拔不能立；子衰午旺，子沖午則午發惡而為禍，餘皆倣此。此謂之「**旺者沖衰衰者拔，衰者沖旺旺神發**」。

命例：

1. 清朝名臣張廷玉命造：
   - 命造：壬子、庚戌、辛巳、壬辰
   - 大運：辛亥、壬子、癸丑、甲寅、乙卯、丙辰、丁巳
   - 九月辛金，通根於戌，天干純為金水相生有情，庚子辰暗三合水局故水庫被打開，所謂「**暗沖暗合尤為喜**」，故傷官吐秀有力，氣勢純粹，加上日支巳火入墓有效地受制得宜，故為高官之命。四柱火土金水相生，生意不悖，尤為可貴，中年甲寅乙卯，運入財鄉，通水火之情，財生官旺，丙辰之後，運轉南方，官星得地，老當益壯，宜乎富貴壽考，故能成就清代之名臣也。
2. 清朝名臣岳鍾琪命造：
   - 命造：丙寅、己亥、甲辰、甲戌
   - 大運：庚子、辛丑、壬寅、癸卯、甲辰、乙巳、丙午
   - 甲木日元，生於亥月，年月支寅亥六合，日主乘旺，月干己土，甲己相合，

天干丙火生財為用，是財來就我，加上日時辰戌之庫沖開，干透丙火，亦貴氣之一也，即所謂**「生方怕動庫宜開」**。命局土木火三行成象，貴氣純真。大運壬、癸水沖剋丙火，是為偏印奪食，逆運難免。甲辰、乙巳運之後，食神得地，名高祿重。

3. 某富翁命造：
   - 命造：壬寅、戊申、丙寅、癸巳
   - 大運：己酉、庚戌、辛亥、壬子、癸丑、甲寅
   - 丙火日元，生於申月，幸得日支寅木相生，時支巳火相旺，時干透癸水得令，月干戊土阻隔壬水七殺，是去殺留官，癸水本為貴氣，惜地支寅申巳之刑見全，加上兩寅刑沖月支申金，正所謂「敗地逢逢沖仔細裁」，申金之用神受損，難以助旺官星為用，故只能富而不貴。亥運更是四沖全備，官非疊見而不靜平。

4. 某郡守命造：
   - 命造：丙子、辛卯、壬子、癸卯
   - 大運：壬辰、癸巳、甲午、乙未、丙申、丁酉
   - 壬水日主，生卯月，地支兩子兩卯，若以子卯相刑而論，此造當為下格。

然而，此造實為貴命，正合「支神只以沖為重，刑與害兮動不動」之説。此造以丙辛合而不化，互相羈絆，命局得以去濁存清，形成水木二行成象，透氣流行，貴氣純真。故命局以水木為用，至甲運，木之元神發露，科甲連登；午運再逢酉年，破丙辛之合，加上地支四正全沖動，故仕途風波起伏；乙未運中，木氣旺盛，官至郡守，仕途得意。

5. 某副總統命造：
   - 命造：丁酉、壬子、丁卯、甲辰
   - 大運：辛亥、庚戌、己酉、戊申、丁未、丙午
   - 丁火日元，生子水月，日支卯木，子卯相刑，然而「支神只以沖為重，刑與害兮動不動」，故子卯相刑可以不理。命局為壬丁爭合，本不以貴論，幸得時干甲木及日支卯木貼身生旺日主，故日主能合住月干壬水而不忌年干之丁火相爭奪。另外，命局以年支酉金為源，則金生水，水生木，木生火，是流通相生之局，大貴特貴，以印星貼身生旺日主，能任官來合剋。由於官主貴、印主權，故能成就其權貴。

6. 某貧賤命造：
   - 命造：戊辰、辛酉、丙午、癸巳
   - 大運：壬戌、癸亥、甲子、乙丑、丙寅、丁卯
   - 丙日坐午，火生於酉金之月氣屬休囚，丙火合剋月干財星辛金，合而不化，辛金通根月令，既得戊土生旺，又得巳酉半三合助旺，是為「財多身弱」之貧賤命造。五行缺木之生火，全賴日主坐下午火幫身，大運至子水，子辰半會水局，酉金又生子水沖午，家破人亡，此又為「旺者沖衰衰者拔」之一例也。

第八十訣：干支總論口訣（滴天髓廿五訣之五）

上下貴乎情協，左右貴乎志同。
始其所始，終其所終。
富貴福壽，永乎無窮。

1. 何謂「上下貴乎情協，左右貴乎志同」呢？天干地支，雖非相生都要有情而不反悖，上下左右，雖不全屬一氣，卻須相生流通有情。
2. 何謂「始其所始，終其所終。富貴福壽，永乎無窮。」呢？年月為始，日時不反悖之，日時為終，年月不妒害之，凡局中所喜之神，引干時支有所歸著，為始終得所，則富貴福壽，可以永乎無窮矣。
3. 「五行」流通的規則（或流通的路線）只是「上下」與「左右」：天干與地支，必須同處一柱，才能相生；異柱干支不能直接相生。天干與天干、地支與地支，須緊貼相生；干與緊貼的鄰干直接相生，支與緊貼的鄰支直接相生。隔一干或隔一支的作用力小，隔兩干或隔兩支的作用力更小，可以忽略不計。批命和論運時，皆以五行能流通、能達致平衡中和的狀態為喜。**倘若「五行」在命局不能流通，也可藉着流年大運的五行「通關」，使其流通。**

4. 上述的各種「五行流通」路綫，可用下圖表達：

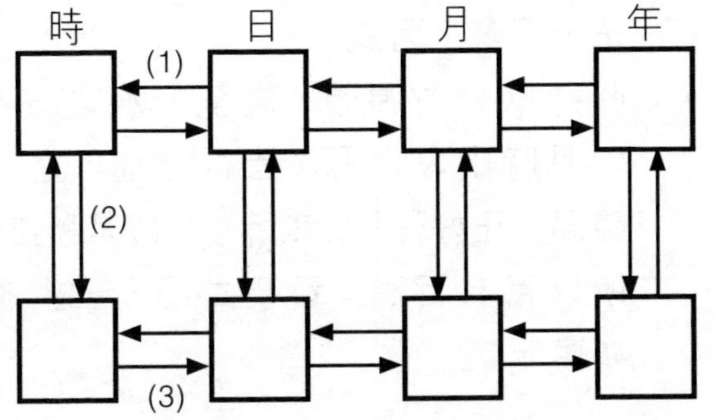

(1) 鄰干相生　(2) 本柱干支相生　(3) 鄰支相生

命例：

1. 某富貴雙全命造：

- **命造：辛丑、癸巳、戊申、丙辰**
- **大運：王辰、辛卯、庚寅、己丑、戊子、丁亥、丙戌**
- 此造以火為源頭，流至金水之方。更妙月時兩火之源，皆得流通，至金水歸局，正好是「始其所始，終其所終」，所以富有百萬，貴至二品，一生履險如夷。

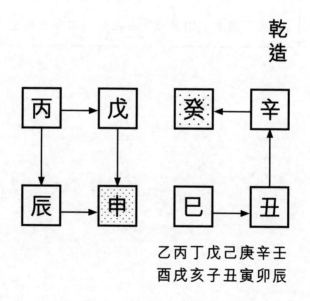

乾造

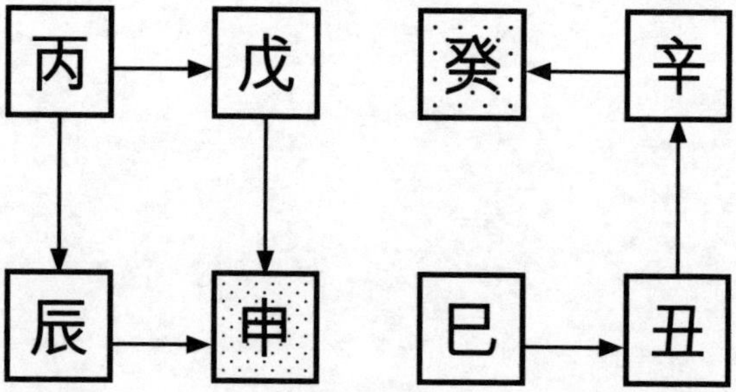

乙丙丁戊己庚辛王
酉戌亥子丑寅卯辰

2. 某貧賤命造：

- **命造：庚寅、壬午、戊午、丁巳**
- **大運：癸未、甲申、乙酉、丙戌、丁亥、戊子、己丑**
- 此以木生火為源頭，流止至日元戊土之方，遭月干壬水阻隔不能流至金。土金運能助戊土流通向金，故業同秋水春花盛。一交丙戌，支會火局，土不能流至金，破耗異常，又剋一妻二妾四子。至丁亥運，干支皆合化木更生旺火，孤苦不堪，削髮為僧。

乾造

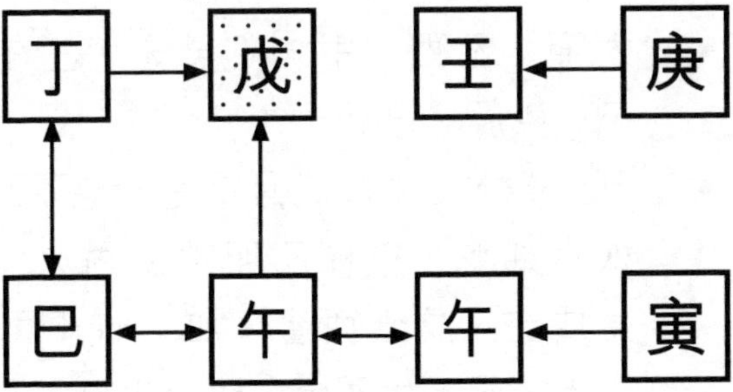

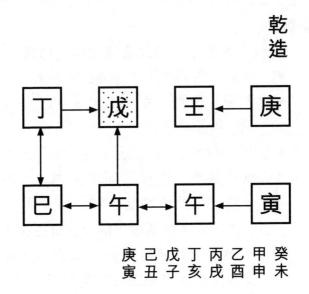

庚 己 戊 丁 丙 乙 甲 癸
寅 丑 子 亥 戌 酉 申 未

第八十一訣：源流論口訣(滴天髓廿五訣之六)

何處起根源，流向何方住。 機括此中求，知來亦知去。

1. 五行周流，看其從何處起源，順序相生，至何處為住。其中薈萃之點，即用神所在。
2. 不必論當令不當令，取最多最旺者，可以為歸局之宗祖者，即為源頭也，看此源頭流到何方，流去之處，是所喜之神，即在此住了，乃為歸路。

命例：

1. 民國七年至十一年總統徐世昌之命造：
   - 命造：乙卯、丙戌、癸酉、丙辰
   - 大運：乙酉、甲申、癸未、壬午、辛巳、庚辰、己卯
   - 日主癸水，生於戌月得令，坐下酉金，秋水通源，年柱乙卯木生丙火，丙火生戌土，戌土酉金；加上時干丙火生辰土，辰土生酉金，酉金生日主癸水。木為源，流到酉金為薈萃之地，源遠流長，大運東南西北皆有救應。

2. 某都督命造：
   - 命造：甲子、丁卯、己亥、戊辰
   - 大運：戊辰、己巳、庚午、辛未、壬申、癸酉、甲戌
   - 己土日元，生於卯月死絕，自坐亥水，亥卯又半會木局，年柱甲子水生木，以木生月干丁火之印，印又生身，水木火土順序相生，以丁火化殺為用，殺印相生，故能貴為都督，福澤優厚。
3. 某福祿壽全命造：
   - 命造：戊戌、庚申、癸亥、乙卯
   - 大運：辛酉、壬戌、癸亥、甲子、乙丑、丙寅、丁卯
   - 此造年干起，官生印，印生身，時柱食神吐秀，官印食神順序相生，以印為用，官清印正，干支用流，時柱天乙加臨，子廣孫多，貴顯秀奇，科第連綿，福祿壽皆全，亦世之完人也。
4. 某福祿壽全命造：
   - 命造：甲子、丙寅、己巳、辛未
   - 大運：丁卯、戊辰、己巳、庚午、辛未、壬申
   - 此造天干甲木生丙火，丙火生己土，己土生辛金，地支子水生寅木，寅木生巳火，巳火生未土，未土生辛金，四柱由支生干，天干地支皆以年柱為

始，流至時干辛為止，天地同流，科甲出身，仕至高官，子孫眾多，功名不絕，壽近百齡，真可謂世人完人也。

第八十二訣：體用精神旺衰論口訣（滴天髓廿五訣之七）

> 道有體用，不可以一端論也，要在扶之抑之得其宜。
> 人有精神，不可以一偏求，要在損之益之得其中。
> 能知衰旺之真機，其於立命之奧，思過半矣。
> 能識中和之正理，而於五行之妙，有全能焉。

1. 何謂「體用」？有以日主為體，財官為用；有以提綱為體，喜神為用者；有以全局氣勢為體，大運流年為用；有以化神為體，以四柱中與化神相生相剋者為用；有以喜神為體，輔喜神之神為用；有以格局為體，日主為用者。由於八字千變萬化，剛柔、多寡、衰旺、強弱、陰陽、水火、格局、氣勢等等，任何因素配合上的差異，都會影響體用的選擇，所以不可以一端論，要在扶之抑之得其宜。

2. 本書上篇之《第六章賓主體用》，特別提出了「賓主體用」大法。不論原局五行生剋制化如何複雜，都可以清楚見到「自我主體」與「外物客體」這個賓主關係，也可以清楚見到「我自己及我能使用的工具」與「我要得到的東西」這個體用關係。八字通過『賓主』之間『體用』的制衡關係，以得到當事人所追求的東西，稱為『制用做功』，直接表現了一個人的人生追求。
3. 何謂「人有精神，不可以一偏求，要在損之益之得其中」呢？有說生我之神為精，剋我之物為神；亦有說金水為精，木火為神。二解俱可用，因為這裡所重者，惟「損之益之得其中」而已。損益不外乎扶抑，目的仍在中和，論命之原始及終極的大原則，亦惟有中和二字而已。若不識中和之理，不可以論命。
4. 旺故宜剋，太旺又宜洩，旺極則又反宜生；衰故宜生宜助，過衰卻宜剋，衰極則又反宜洩。此乃命理中「旺衰變化之真機」，能詳參之，則「其於立命之奧，思過半矣」。
5. 「能識中和之正理，而於五行之妙，有全能焉」這一句口訣，乃為體用、精神、衰旺之結論。重伸中和為論命之根本法則，能識中和之理，則四柱五行之妙意盡矣。

命例：

1. 家業破盡而亡之凶命命造：
   - 命造：丙寅、甲午、丁未、癸卯
   - 大運：乙未、丙申、丁酉、戊戌、己亥、庚子、辛丑、壬寅
   - 五月丁火得時當令，年月甲丙並透，支見寅午卯未，一點癸水，盡洩於木，衹從其強旺之勢，初運申酉，刑耗並見，運戊戌火土齊來，財喜頻增，壬亥運亥卯未會木局仍甚吉利，至子運，激火之烈，家業破盡而亡，此旺激之反害也。
2. 某封疆中吏命造：
   - 命造：壬申、丙午、庚午、庚辰
   - 大運：丁未、戊申、己酉、庚戌、辛亥、壬子、癸丑
   - 庚金日主，生午月失令者弱，月干透丙火，支見兩午，七殺掌權秉令，喜得時柱庚辰，比印扶身，年柱壬申，庚金得祿，身弱變旺，身殺兩停以壬水制煞為用，八字四柱制化皆宜，情和氣協，大運土金水之鄉，喜用得地，威名顯赫，貴至封疆中吏。

3. 某事業超羣命造：
   - 命造：甲申、甲戌、庚辰、壬午
   - 大運：乙亥、丙子、丁丑、戊寅、己卯、庚辰
   - 庚金日主，生於戌月得令，坐下辰土生之為精足，喜得午時官星得祿，天干兩見甲木財星生之，為精壯，運逢戊寅己卯，官星得地，台閣標名，事業超群。
4. 某四星上將命造：
   - 命造：己亥、乙亥、壬寅、丙午
   - 大運：甲戌、癸酉、壬申、辛未、庚午、己巳
   - 十月壬水，兩得祿旺，日主秉令司權，為精壯，時柱丙午，財星透出，月干傷官生之，身財兩旺，為神氣充足，又冬月壬水見丙火，日照江湖，氣象宏偉，貴至極峰，四星上將之榮。

第八十三訣：方局論口訣（滴天髓廿五訣之八）

方是方兮局是局，方要得方莫混局。
局混方兮有純疵，行運喜南還喜北。
若然方局一齊來，須是干頭無反覆。
成方干透一元神，生地庫地皆非福。
成局干透一官星，左邊右邊空碌碌。

1. 何以說「方是方兮局是局，方要得方莫混局」呢？如寅卯辰，東方也，若再加上一支亥卯未，則為太過強旺，有違中和之理，故說「方要得方莫混局」。
2. 何以說「局混方兮有純疵，行運喜南還喜北」呢？如亥卯未木局，混一寅卯辰，地支便只有一氣，則為太過強旺。此時須看天干有沒有透出甲或乙字，透出者即謂之「純」，天干全順，可作從格或假從格視之，不宜剋制，故若行運是水或火者，則生氣盎然，即是順其氣勢了，故說「行運喜南還喜北」。

3. 若天干沒有透出甲或乙字，即謂之「疵」，是天干與地支反覆，是謂之天道不容，生機被害，故說「**若然方局一齊來，須是干頭無反覆**」。
4. **若然木方而日主是木、火方而日主是火等，即是所謂元神透出，則歲運若再遇其三合局中之生地或庫地一般皆非福，因為身旺不可再助之故，所以說「成方干透一元神，生地庫地皆非福」**。如寅卯辰全者，日主甲乙木，則謂之透元神，若歲運又遇亥之生，未之庫，決不發福，惟有純一火運略好。
5. 何謂「成局干透一官星，左邊右邊空碌碌」呢？當知成局並元神透出者，生意盎然，旺極故不宜剋制，意謂不戕其生機，故不宜遇官星。如甲乙日，遇亥卯未全者，庚辛乃木之官也，木強遇金，木強不任金剋，則局失其用；若又見左辰右寅，更加是不任金剋，則名利無成矣，故說「成局干透一官星，左邊右邊空碌碌」。

命例：

1. 某貴命命造：
    - 命造：丁卯、甲辰、甲寅、乙亥
    - 大運：癸卯、壬寅、辛丑、庚子、己亥、戊戌
    - 甲木日主，地支寅卯辰全，時支見亥，是謂方局齊來，干透甲乙丁，木神之氣勢旺且強也，以年干丁火洩木吐秀為用，運行辛丑庚子，本屬不吉，幸得丁火用神反剋之功，故無咎，科第出身，仕至州牧，此造即「干頭無反覆」也。
2. 某下格貧賤命造：
    - 命造：庚寅、己卯、乙亥、癸未
    - 大運：庚辰、辛巳、壬午、癸未、甲申、乙酉
    - 乙日坐亥，支全亥卯未木局，加上年支寅木，是謂之「局混方兮有純疵，行運喜南還喜北」也。惜干透財官無根，加上早年大運庚辰、辛巳，以及隨後又行西方金運，故庚金之官與己土之財，既不能去，又不能用，故知此造即「干頭有反覆」也，遂形成身旺無依之象，所以是下格貧賤之造也。

3. 某縣令命造：
   - 命造：辛未、辛卯、乙未、丁亥
   - 大運：庚寅、己丑、戊子、丁亥、丙戌、乙酉、甲申
   - 乙木日主，地支合成亥卯未木局，格成曲直仁壽，惜透干兩辛破格，正是「成局干透一官星，左邊右邊空碌碌」，故只能成為假曲直仁壽也。若能去此病則為貴，運行己丑戊子，生扶忌神辛金，碌碌未遇，至丁亥丙戌運，剋去辛金病神，軍前效力，因功升縣令。一入酉運，沖破木局而終。
4. 某先富貴後貧賤之命造：
   - 命造：甲辰、丁卯、乙亥、癸未
   - 大運：戊辰、己巳、庚午、辛未、壬申、癸酉
   - 乙木日主，地支亥卯未全，加上年支辰土，又是「局混方」之命例也，所謂「局混方兮有純疵，行運喜南還喜北」，最忌西方金運，沖犯旺木。命局得月干丁火透洩木之菁英，加上早行南方火運，生氣盎然，即是順其氣勢了，故甚佳，惜一入金運，即形成「衰神沖旺」而破格，故只有貧乏終其身。

第八十四訣：通關論口訣（滴天髓廿五訣之九）

> 兩意本相通，中間有關隔，
> 此關若通也，到處歡相得。

1. 兩氣會合得用，但因阻不能會合，即謂之「**兩意本相通，中間有關隔**」。其中有中間上下懸隔者、有前後遠絕者、有被刑沖劫占者、或隔一物者，皆為關隔也。
2. 如得歲運化刑沖、或去其所隔之物，皆通關也。關通而願遂矣，豈不歡相得哉？
3. 通關之進程中必有喜忌之神，助我流行者為喜用神，為關隔阻我者則為忌神。

命例：

1. 某貴命命造：
    - 命造：戊寅、辛酉、己丑、甲子
    - 大運：壬戌、癸亥、甲子、乙丑、丙寅、丁卯
    - 己土日主，生酉金之月，坐丑自旺，時柱甲子，與日柱上下相合，互換得貴。年柱戊寅，與月柱辛酉金木交差，祇得用水財通關，運行癸亥、甲子，青雲直上，部長之榮矣。

2. 某富命命造：
   - 命造：丙辰、乙未、甲寅、壬申
   - 大運：甲午、癸巳、壬辰、辛卯、庚寅、己丑、戊子
   - 甲木日元，生六月木有餘氣，日支得祿，年干透丙火，食神吐秀，火又生土，土為財，故主富。時干壬水若攻剋丙火，難免引起水火不和，即為梟印奪食而主貧，幸而此命局時干壬水透出生旺日主及月干乙木，憑比劫通梟食之關，加上運行木地更為佳美。
3. 某名利兩優之命造：
   - 命造：己巳、癸酉、丙寅、庚寅
   - 大運：壬申、辛未、庚午、己巳、戊辰、丁卯、丙寅
   - 酉月丙火，日近西山，日主失時，喜得日時兩見寅木長生之地，弱中轉旺，足任財官，年月支酉丑半會，癸水官星透出，年干己傷官為酉己半會之金局所洩，不傷官星，則官星之根固矣，故運行己巳、戊辰，得財星化解，使其不傷官星，是以名利兩優也。

第二章：重關《滴天髓》心悟

第二章：《滴天髓》心悟：重關

第八十五訣：六親論口訣（滴天髓廿五訣之十）

夫妻姻緣宿世來，喜神有意傍妻財
子女根枝一世傳，喜神看與殺相聯
父母或興與或替，歲月所關果非細
兄弟誰廢與誰興，提綱喜神問重輕

1. 傳統命理學沒有處理十神所代表不同之不同六親與宮位所代表不同六親之分別、六親對命局的為助或是為負累之分別、六親對日主的影響與親疏關係、及各自的生命力和成就與吉凶等問題。在這些問題上**《滴天髓》也不能例外**。
2. 如前述，六親分析的基本原理為（《八字心悟》第187頁）：
   - 以代表六親的十神出現在命局的干支，與日干之間的距離遠近，和十神與日干生剋會合沖刑害的關係，來判斷該六親對日主的影響與親疏關係。

- 以日主的喜忌，看十神代表的六親在命局的作用，為喜亦或為忌，以判斷對日主的實質性幫助能力。
- 以宮位本身在命局是為喜亦或為忌，和刑沖剋害等吉凶關係，來決定日主對相關六親的主觀喜惡感覺。其根本理念為父母看幼年運(年柱代表父母宮)，夫妻、兄弟看中年運(月柱代表兄弟宮、日柱代表夫妻宮)，子女看老年運(時柱代表子女宮)。
- 以十神代表的干支的旺衰吉凶，和十神與命局干支生剋會合沖刑害的關係，來判斷六親各自的生命力、成就與吉凶。
- 總結來說，論六親應先看宮位，次看代表六親的十神情況(與日干距離遠近、衰旺吉凶及生剋刑沖，在命局的喜忌)，兩相參看，即知底細。

命例：

1. 兄弟皆不成器之命造：
   - 命造：癸酉、戊午、丙午、庚寅
   - 大運：丁巳、丙辰、乙卯、甲寅、癸丑、壬子
   - 丙火日主，月日兩支皆逢陽刃，與時支寅木半三合火局，年月干戊癸又合而化火，此兄弟眾多之象，然日元太旺，比劫皆為忌神，庚酉之財被分爭，以致兄弟六人皆不成器，下等無能，對日主沒有實質性幫助能力。兄弟宮戊午皆為忌神，故兄弟緣不佳。命局若無庚酉之金，格成炎上，則相反兄弟皆得力而成名、兄弟緣厚矣！故知四柱配合之間，是差之毫釐，謬之千里呢！
2. 兄弟得力之命造：
   - 命造：辛巳、辛丑、庚申、辛巳
   - 大運：庚子、己亥、戊戌、丁酉、丙申、乙未、甲午
   - 庚金日主，四柱比劫重重，地支巳丑半會，格成從格，印星、比劫星皆強旺有力且為用神，故父母貴顯，兄弟得力；年月柱皆為用神，父母兄弟緣俱極佳，可謂「大棉同眠，棠棣競秀」矣。

3. 得父母庇蔭之命造：
   - 命造：乙卯、丁亥、戊午、癸丑
   - 大運：丙戌、乙酉、甲申、癸未、壬午、辛巳
   - 此造年月財官得祿，月干印星透出，財生官官生印，時干癸財合戊，日坐印星，年月柱、財官印俱為用，故得父母緣皆，又能得父母庇蔭。四柱生化不悖，五行喜用有精神，大運行東南西北皆可，是富貴福壽之造也。
4. 無子而終之命造：
   - 命造：乙巳、辛巳、戊戌、丁巳
   - 大運：庚辰、己卯、戊寅、丁丑、丙子、乙亥
   - 此造戊土日主，生巳火月，印綬重疊，火炎土燥，辛金傷官透出為用，惜燥土不能生金，四柱無生育之意，年干乙木官星遭刑剋過甚，加上時柱子女宮丁巳火旺為忌，故子女無緣、無子而終。

5. 得妻財而能成就之命造：
   - 命造：丁巳、乙巳、丁酉、癸卯
   - 大運：甲辰、癸卯、壬寅、辛丑、庚子、己亥、戊戌
   - 丁火日主，生巳火月，命局中梟劫重疊，時干一點煞星制身乏力，喜其日主坐財星，沖去梟神，生起煞星。年月柱皆見印劫忌神，故出身寒微，父母兄弟於己無甚助力，癸運助起煞星，得奇遇，無意間得妻財培養入學，後運金水，財星滋煞，青雲直上，仕路光亨，此得力於妻財也。

第八十六訣：女命論口訣（滴天髓廿五訣之十一）

> 女命須要論安詳，氣靜平和婦道彰。
> 二德三奇虛好話，咸池驛馬漫推詳。

1. 《滴天髓》認為女命不必專執官星論夫，專執食傷論子，但以安詳順靜、氣靜平和為貴。可見《滴天髓》之女命論，與今天男女平等之說不謀而合，極有見地，實在遠超一般傳統命理認為女命全靠夫、子二星之女命學說矣。

2. 論命「以安詳順靜、氣靜平和」為可貴，即是陽明用事，用神得力，天地交泰，神顯精通，奮發向上。平心而論，其實男女之命，理亦同也，故這論命口訣是放諸四海皆是。

命例：

1. 夫榮子貴之命造：
   - 命造：乙亥、丙戌、辛酉、癸巳
   - 大運：丁亥、戊子、己丑、庚寅、辛卯、壬辰
   - 辛金坐酉，生戌月金之餘氣，月干丙火官星來合日元，年柱乙亥財星旺來生官，且官星自坐火庫又得祿於巳，貴顯之徵，故為夫人之命。加上木火土金水，安詳順靜、氣靜平和，流道至水，食神吐秀，本身及子息皆聰明秀麗，故為夫榮子貴之命造。
2. 夫榮子貴之命造：
   - 命造：癸巳、戊午、辛酉、丁酉
   - 大運：己未、甲申、乙酉、丙戌、丁亥、戊子
   - 辛金日主坐酉，日時坐祿，日主自旺，時柱丁火透出，時干殺星得令於午火月金，尤幸得戊土月干印星助身，用神得力，夫星顯明，子如宮又得祿，故是夫榮子貴之命。

3. 兩國之封、夫人之命造：
    - 命造：己未、壬申、乙未、庚辰
    - 大運：癸酉、甲戌、乙亥、丙子、丁丑、戊寅
    - 乙木日主坐未，盤根之地，生申金月令，官星秉令生於時干合住日元，月干壬水亦透，官清印正，故夫星明朗，財官印三奇得用，兩國之封，夫人之命。
4. 一品誥命夫人之命造：
    - 命造：丁酉、戊申、辛丑、己丑
    - 大運：己酉、庚戌、辛亥、壬子、癸丑、甲寅
    - 辛金日主，生於申得令，盤根日支時支丑土，印星兩透天干，日干丁火官星從旺金從得乾淨，勢成從革格。運行金水之地，夫榮子貴，一品誥命夫人之命。

5. 水性楊花之命造：
   - 命造：丁未、癸丑、庚子、丁亥
   - 大運：甲寅、乙卯、丙辰、丁巳、戊午、己未、庚申
   - 庚生丑月，支全亥子丑，金寒水冷，喜火暖局為用，年干丁火官星，被癸所剋，四柱無財護官，不能得生化之妙，時上官星又暗合地支亥水，命局日主與丁火無情可知，加上傷官三會成方，仿似一片汪洋大海，所以水性楊花，隨人而走。
6. 刑夫剋子之命造：
   - 命造：己亥、乙亥、癸丑、己未
   - 大運：丙子、丁丑、戊寅、己卯、庚辰、辛巳
   - 癸生十月，陰濃濕重，時支未宮藏丁火，為丑所沖，丁火用神無著落，己土、丑土七殺星貼身剋癸日元；亥乙未暗三合木局，食神又洩身太過，命局形成木土相剋，與安詳順靜、氣靜平和剛好相反，運途丙丁之地通關，尚稱獲福，一交丑運之後，丑未逢沖，夫子皆傷，刑剋並見。

第八十七訣：小兒命論口訣
（滴天髓廿五訣之十二）

> 小兒財殺論精神，四柱平和易養成。
> 氣勢悠長無斬喪，關星雖有不傷身。

1. 此口訣力闢拘泥小兒關殺、神煞等論，同時提出財、殺、精神、氣勢祥和等重心，須特別注意。
2. 小兒論命之重點如下（《八字心悟》第148頁）：
   - 替小朋友論命，最重要的一點固然在於能給父母正確地道出他們子女的性情和潛能，好使作為父母的能夠按照子女的性格，作出針對性的最佳安排，培養子女的潛能，取長補短。
   - 但很多為人父母更關心的，莫過於子女的學業成績。我們也應體諒他們的心情，因為按常理來說，子女未來事業的發展和成就，很多時跟學業成績息息相關。
   - 基本上命局的高低好壞，決定命主的學業成績，所以最先是看命局，次看大運及流年的走勢。命局身弱逆生有情者最喜見官印相生，身旺順生有情者最喜見食傷洩秀。

- 正印為學術之星，而正官可生正印，亦有官職的意思。古時候考試取功名，登科及第，就是含有官職的意思。故命中正官正印相生日主有情且為喜用，必為讀書有成的最佳命造。另外，食神為文星，代表才華發露、知慧及聰明，最利考試運。故命中身旺生食神有情且為喜用，亦主讀書有成。
- 當然，有命無運也枉然。故看命局後，必須看在重要考試時期的流年及大運。考試時期之大運流年都是好的話，則有讀書升學運。若大運流年皆逆背，除了代表家境差之外（因年青時的逆運，代表不利父母運），亦代表考試運差。
- 尚須了解兩點。第一：財星為慾望之星，求學期大運遇之，必主貪玩而易荒廢學業，若財星為忌神則更應驗。第二：財星於男命，官殺星於女命，均代表異性與戀愛，容易因感情事而影響學業。作為父母的，絕不可輕率處理。

命例：

1. 夭亡命造：
    - 命造：辛丑、癸巳、丙子、丙申
    - 大運：壬辰、辛卯、庚寅、己丑、戊子、丁亥
    - 丙火坐子，時透丙火輩身，生巳月本為當令，惜五行無木，辛丑巳暗三合化金，子申半合水局，四柱地支皆金水，財官過旺身極弱可知，且初交壬辰運逢殺，戊申年，申子辰三合，水火交剋，得痟疾而夭亡。
2. 夭亡命造：
    - 命造：壬申、壬寅、壬申、戊申
    - 大運：癸卯、甲辰、乙巳、丙午、丁未、戊申
    - 壬水生孟春，正木旺秉令，天干之壬，地支之申，重重梟印奪食，寅木用神受傷過甚，癸酉年庚申月，旺金剋盡寅木而夭。

3. 四柱平和易養成之命造：
   - 命造：辛巳、丁酉、乙亥、戊寅
   - 大運：丙申、乙未、甲午、癸巳、壬辰、辛卯
   - 乙木秋生，干透辛金，地支巳丑會局，殺星旺，以俗論之，必難長大成人，喜得日坐亥支，巳亥不沖，寅六合，壬水通金木之關，天干丁火制殺，身殺頗得相稱，運行東南，非但易養成，且長大後名利兩得也。

第八十八訣：性情論口訣
(滴天髓廿五訣之十三)

五行不戾，惟正清和，濁亂偏枯，性情乖逆。 火烈而性燥者，遇金水之激。 水奔而性柔者，全金木之神。 木奔南而軟怯，金見水以流通。 最拗者，西水還南。 至剛者，東火轉北。 順生之機，遇擊神而抗。 逆折之序，見閒神而狂。 陽明遇金，鬱而多煩。 陰濁藏火，包而多滯。

1. 何謂「五行不戾，惟正清和，濁亂偏枯，性情乖逆」呢？五行在天，為金木水火土之氣，在人為仁義禮智信之性，五氣不乖張，則其存於人之性，發於外為情，莫不清和矣，反此者乖戾。
2. 何謂「火烈而性燥者，遇金水之激」呢？火烈而性燥，若能順其性，則光明磊落，遇金水激之，則燥急不可禦，反激而成患矣。
3. 何謂「水奔而性柔者，全金木之神」呢？水順而奔，其性至剛至急，惟有金以行之，木以納之，則柔矣。
4. 何謂「木奔南而軟怯，金見水以流通」呢？木之性，見火而慈，奔南則仁之性行於禮，其性軟怯，得其中者為惻隱，得其偏者為姑息。金之性最方正，有斷制，見水則義之性行於智，而元神不滯，得氣之正者，是非不苟，有斟酌，有變化，得氣之偏者，必泛濫流蕩。
5. 何謂「最拗者，西水還南」呢？西方之水，發源最長，氣勢最旺，無土以制之，木以納之，浩蕩之勢，不能順行，而反行南方，則逆其性而強拗難制。

6. 何謂「至剛者，東火轉北」呢？東方之火，其燄炎上，局中無土以收之，焚烈之勢，若不能順行，反行北方，則逆其性而剛暴。
7. 何謂「順生之機，遇擊神而抗」呢？如木生火，火生土，一路順其性序，自相平和，遇擊而不能遂其順生之性，則抗而躁急。
8. 何謂「逆折之序，見閒神而狂」呢？木生於亥，見戌酉申則氣逆，非性之所安，又遇閒神，若巳酉丑逆之，則必發而為狂猛。
9. 何謂「陽明遇金，鬱而多煩」呢？寅午戌為陽明，有金氣伏於內，則成其鬱，而多煩悶。
10. 何謂「陰濁藏火，包而多滯」呢？酉丑亥為陰濁，有火氣藏於內，則不能發揮而多濕滯。
11. 以上十點，皆摘自《滴天髓》原文。其中道理，不外乎「順逆」二字。能順其五行過旺之勢，洩秀得宜，達致平衡，則安詳順靜、氣靜平和；反之，則躁急狂猛、煩悶濕滯。

命例：

1. 濁亂偏枯之命造：
    - 命造：己丑、丁卯、己卯、乙丑
    - 大運：丙寅、乙丑、甲子、癸亥、壬戌、辛酉
    - 己土日主，生卯月為死絕，四柱純陰，乙木、卯木七殺貼身攻剋日主。丁火陰柔，不足以洩木生土，故禮義皆無，濡滯無能，做人衹知趨炎附勢，內心常懷幸災樂禍，損人利己，而全無惻隱慈讓之心也。
2. 性傲多驕之命造：
    - 命造：丙戌、乙未、丙子、乙未
    - 大運：丙申、丁酉、戊戌、己亥、庚子、辛丑
    - 丙火日主，生夏令，火炎土燥，雖坐下子水，惜無金生，杯水車薪，難解其渴，天干枯木助烈火，偏枯混濁之象，性傲多驕，急燥無禮。所謂「至剛者，東火轉北」，東方之火，其燄炎上，局中無土以收之，焚烈之勢，若不能順行，反行北方，則逆其性而剛暴，故運行北方水運，土多木折，家業破敗而亡。

3. 性剛而暴之命造：
   - 命造：戊午、己未、丙午、己巳
   - 大運：庚申、辛酉、壬戌、癸亥、甲子、乙丑
   - 此丙火日主，支全巳午未，干透戊己，火土傷官。所謂「至剛者，東火轉北」，東方之火，其燄炎上，局中無土以收之，焚烈之勢，若不能順行，反行北方，則逆其性而剛暴。見庚申辛酉運，順洩土之氣，尚屬平順；一至癸亥，沖擊烈火，家破人亡。

4. 剛柔相濟之命造：
   - 命造：庚辰、癸未、甲午、丙寅
   - 大運：甲申、乙酉、丙戌、丁亥、戊子、己丑、庚寅
   - 季夏甲木，火氣未除，日時支寅午半會，干透丙火木奔南方，喜其月透癸水，年干庚金生之，金又得辰土之生，烈火得辰濕土之洩，輾轉相配，得中和之象矣，運行乙酉，仕路得意，丙戌運火土重疊，剋刑並見，丁亥戊子己丑庚運，乘長風破萬里浪，名成利就，所謂剛柔相濟，仁德兼資也。

5. 剛柔相濟之命造：

- 命造：戊辰、己未、丁巳、丙午
- 大運：庚申、辛酉、壬戌、癸亥、甲子、乙丑
- 此丁火日主，支全巳午未，干透戊己，此造亦火土傷官，本為火炎土燥，得辰土潤土之燥為用神，即所謂剛柔相濟，反得其益，故能名成利就。

6. 鬱而多煩之命造：

- 命造：乙丑、丙戌、丙午、甲午
- 大運：乙酉、甲申、癸未、壬午、辛巳、庚辰、己卯
- 丙火日元，支全兩午，干透甲木，月支戌土火庫，甲午戌暗三合火局，惜年支丑土，洩其火勢，加上丑土藏金，是辛金伏鬱之象。所謂「陽明遇金，鬱而多煩」寅午戌為陽明，有金氣伏於內，則成其鬱，而多煩悶。運行乙酉甲申，引通丑中之金，家業興隆，運轉南方，刑妻剋子，晚年孤苦零丁而亡。

7. 水順而奔之命造：
   - 命造：癸酉、癸亥、壬子、戊申
   - 大運：壬戌、辛酉、庚申、己未、戊午、丁巳
   - 壬水日主，四柱皆水，生於亥月，干透兩癸，只可順其勢不可逆其流，惜時干戊土逆其性，幸坐申金，洩土生水，運行辛酉，庚申，少年得意，翩翩公子，中運己未，逆其性矣，家破人亡。此即所謂「水奔而性柔者，全金木之神」者，可知水順而奔，其性至剛至急，惟有金以行之，木以納之，則柔矣。
8. 陰濁藏火之命造：
   - 命造：癸酉、辛酉、癸丑、壬戌
   - 大運：庚申、己未、戊午、丁巳、丙辰、乙卯、甲寅
   - 日主癸水，生於酉金月令，年月日支全酉丑，天干金水並透，逢戌時，為陰濁藏火，何謂「陰濁藏火，包而多滯」呢？酉丑亥為陰濁，有火氣藏於內，則不能發揮而多濕滯。幸運途庚申以後，東南火木俱為純陽明之地，引通包藏之氣，仕路超群，名利兩全也。

第八十九訣：形象論口訣
（滴天髓廿五訣之十四）

> 兩氣合而成象，象不可破也。
> 五氣聚而成形，形不可害也。
> 獨象喜行化地，而化神要昌。
> 全象喜行財地，而財神要旺。
> 形全者宜損其有餘，形缺者宜補其不足。

1. 凡八字者，五行能夠成象最吉，多主富貴雙全。如命局原本不能成象，行歲運助其成象亦主吉，故《滴天髓》云：「形全者宜損其有餘，形缺者宜補其不足。」
2. 何謂成象？命局成象須要成象的各種五行，數量輕重相約並且流通相生。例如兩氣成象要兩行輕重相約並且流通，三氣成象要三行輕重相約並且流通，四氣成象及五氣成象也是如此類推。
3. 大多數的命局皆雜亂無序，五行之氣輕重不均並且互相阻隔，氣亂而不流，即不成象。

4. 如何推斷命局成象的五行宜忌？第一原則：以流通為主。身旺宜順流成象，身弱宜逆流成象。順流者，身食財官之順序，依次流動無阻。逆流者，身印官財之順序，依次流動無阻。第二原則：成象的五行亦絕不宜戰，戰則要通關。第三原則：如命局原本不能成象，行歲運得所需五行助其成象亦主吉。（請參看《八字心悟》105至109頁）

5. 所謂「一氣成象」，是指八字的五行屬性，只有一種。以「曲直格」為例，若四柱之天干只有甲、乙，地支只有寅、卯，又或者命局的干支能會合，化成木局，便可稱為「一氣成象」。「一氣成象」即專旺格，專旺格以助旺日主的印星和比劫為用神，抑洩日主的官財為忌神。若歲運遇食傷洩秀，則定要食傷強旺有力者，方可為用，故《滴天髓》云：「獨象喜行化地，而化神要昌。」化地者，即我生之神，取生生不息之意；化神若能昌旺，始可洩一氣成象之精華而轉生妙用。

6. 兩氣成象者，重在「生」字。即謂水生木之水木成象、木生火之木火成象、火生土之火土成象、土生金之土金成象、金生水之金水成象。成象則不可破，如水生木遇土則為破象、木生火遇金則為破象、火生土遇水則為破象、土生金遇木則為破象、金生水遇火則為破象，破象即戕其生機，是為大忌，故《滴天髓》云：「兩氣合而成象，象不可破也。」
7. 三氣成象須要三行相連而流通無阻才成象，水木火、木火土、火土金、土金水、金水木等都可成為三氣成象。如何推斷三氣成象的五行宜忌？基本上是以流通為主。身旺宜順流成象，身弱宜逆流成象。
8. 三氣成象中之「官印身」成象為從旺格，因其命局五行之力全流通至身而止，故成為特殊格局。從旺者本身旺神主吉，所以官印身逆流同時為用。
9. 四氣成象須要四行相連而流通無阻才成象。如水木火土、木火土金、火土金水、土金水木、金水木火等都可成為四氣成象。如何推斷四氣成象的五行宜忌？基本上也是以流通為主。

10. 五氣成象須要五行相連而流通無阻才成象，而最後的五行以不復生第一個五行才算得上是佳造，《滴天髓》稱之為「五氣聚而成形，形不可害也」。如水木火土金、木火土金水、火土金水木、土金水木火、金水木火土等都可成為五氣成象。五行成象若能得宜，為各種形象中最好之象，五行諸運，無運不宜，可以一生到老都順利。但若個別有天干或地支將會破壞命局本身的結構，另作別論。

11. 很多命局雖然也是五行齊全，但雜亂無序，顛倒阻斷，五行不能流動，根本沒有形象可談。

12. 何謂「全象喜行財地，而財神要旺」？財為養命之神，若五行齊全者，所最需要者，乃養命之神，苟得其養，則精神愉快，怡怡之樂，匪可言喻，故曰「全象喜行財地，而財神要旺」。這訣對現今之經濟型社會更是有着重要意義。

命例：

1. 四行成象命造：
   - 命造：癸酉、甲子、丁卯、丙午
   - 大運：癸亥、壬戌、辛酉、庚申、己未、戊午、丁巳
   - 此造天干地支皆殺生印，印生身，時歸祿旺。尤妙原本四沖反為四助，金見水，不剋木而生水；水見木，不剋火而生木，如此金、水、木、火連環相生，四行成象，所以秋闈早捷，仕至觀察。
2. 五行成象命造：
   - 命造：己丑、乙亥、丁巳、辛丑
   - 大運：甲戌、癸酉、壬申、辛未、庚午、己巳
   - 丁火坐巳自旺，生亥水月令，月干透乙，故乙木有氣，年干支己丑上下同情，時干支辛丑上下氣協。月干乙木印綬生身，加上日支巳宮，身強足任財官，辛巳丑暗三合金旺為財，土既生金，金能生水，水又為令神，故財官俱旺。命局全得上下左右情和氣協，月令官星得祿，此富貴之所以由來。這就是五氣成象，五行相連而流通無阻成象，而最後的五行以不復生第一個五行的上佳命造，《滴天髓》稱之為

「五氣聚而成形，形不可害也」。

3. 三行成象命造：
   - 命造：壬子、辛亥、甲寅、癸酉
   - 大運：壬子、癸丑、甲寅、乙卯、丙辰、丁巳
   - 甲生於亥水月令，日元坐寅祿，年柱見壬子，時柱癸酉，金從水勢，水旺木堅，旺之極矣，此逆生之序，以水印為用，運行東北水木之地，名利兩優，運至丁巳，遇閒神沖擊，逆其序矣，不免凶亡。

4. 五行成象命造：
   - 命造：乙亥、己卯、壬午、辛丑
   - 大運：戊寅、丁丑、丙子、乙亥、甲戌、癸酉
   - 壬水生卯月，天乙拱照，年支亥水生卯木，卯木生午火，午火生丑土，丑土生辛金，辛金生日主，亥卯會木，傷官吐秀，人固聰明，春水失時，引歸時支辛金，正印身生，不僅富甲一方，子嗣更多英奇貴顯也，真可當得起始終之理，福壽富貴，非常人所能及也。這亦為「五氣聚而成形，形不可害也」之上等佳造也。

5. 二行成象命造：

- 命造：癸酉、癸亥、庚申、丁亥
- 大運：壬戌、辛酉、庚申、己未、戊午、丁巳
- 庚金日主，坐申祿旺，年支酉金，生於亥月，干透兩癸，金水之勢旺莫可當，時干丁火難敵旺水而從金水，格成二行成象。壬運幼境安和；戌運火庫，刑剋重重；辛酉、庚申二十年，科第得意，名利兩優；己未運逆水之勢，加上未土運中丁火有氣，凶險並見；戊午災難更多，因意外而亡。

6. 三行成象命造：

- 命造：壬午、壬寅、壬寅、壬寅
- 大運：癸卯、甲辰、乙巳、丙午、丁未、戊申
- 壬水生於寅月，天干四比，是為天元一氣，其勢得寅木引通而生火，水木火三行成象。運行木火之地，由草莽而開府，富與貴兼；運行戊申，逆其氣勢，卒遭仇殺。

7. 一行成象命造：

- 命造：癸未、乙卯、甲寅、乙亥
- 大運：甲寅、癸丑、壬子、辛亥、庚戌、己酉

- 甲寅日主，生卯月，地支亥未又會木局，干透兩乙，旺之極矣，須從旺神，即專旺格，專旺格以助旺日主的印星和比刼為用神，抑洩日主的官財為忌神。初行甲運，試場得意；接行癸丑，壬子，辛亥，印星得地，仕途勝利；庚戌運，觸其旺神，不能免禍。

第九十訣：奮鬱論口訣（滴天髓廿五訣之十五）

局中顯奮發之機者，神舒意暢。 局內多沉埋之氣者，心鬱志灰。

1. 《滴天髓》原文曰：「陽明用事：用神得力，天地交泰，神顯精通，必多奮發。陰晦用事：情多戀私，主弱臣強，神藏精洩，必多困鬱。」
2. 陽明用事，必多奮發。所謂「用神得力」者，即是喜用神生剋制化得宜；所謂「天地交泰」者，即是五行流通有情（今於日主需要為有情）；所謂「神顯精通」者，即是寒熱均衡。
3. 反之，則為陰晦用事，必多困鬱。

命例：

1. 陰晦用事命造：
   - 命造：乙未、庚辰、戊辰、丁巳
   - 大運：己卯、戊寅、丁丑、丙子、乙亥、甲戌
   - 戊土日主坐辰，生辰月，時柱丁巳，火土並旺，年柱乙木官星清透，應取以為用，惜月干庚金透出，與乙作合，合而不化，是為貪合忘官，破壞日主之喜用，情多戀私，庚金本亦可為洩氣之用，與乙作合不化而被羈伴，用神盡被損壞，是為陰晦用事，**必多困鬱**，是為下下之造，到老貧寒。
2. 陰晦用事命造：
   - 命造：己卯、丙子、庚寅、辛巳
   - 大運：乙亥、甲戌、癸酉、壬申、辛未、庚午、己巳
   - 庚金生子水月，氣處休囚，四柱木火儻眾，加丙火七殺貼身剋金，是為主弱臣強，**神藏精洩**，故乃陰晦用事之造，必多困鬱。幸得時干支金旺，尚算可以相助日主，運至癸酉、壬申及辛金之二十五年，始可成功剋制丙火，事業循序漸進，卒達成功之域。

3. 陰晦用事命造：
   - 命造：丙子、辛丑、戊子、癸丑
   - 大運：壬寅、癸卯、甲辰、乙巳、丙午、丁未
   - 戊生丑月，氣序寒冷，得太陽丙火照暖為用，但丑宮鮫辛閒神並透，八字四柱四合，日主與用神皆受羈絆，故必多困鬱，乃陰晦用事之造。幸得運走南方火地，丙火始能逢生，尤喜午、未大運，始可沖破地支子丑之合，方解命局遭羈絆之困，故最終能成就功勳彪炳，事業輝煌。
4. 陰晦用事命造：
   - 命造：丁未、辛亥、丙寅、丙申
   - 大運：庚戌、己酉、戊申、丁未、丙午、己巳
   - 丙日坐寅，生亥水月，干透丙丁，身旺殺弱，不宜殺星被合，正財辛金又被日主合剋，時支申金又被寅木所沖而乏力生旺辛金，故財官喜用神生剋制化俱不得宜，故必多困鬱，乃陰晦用事之造。只有大運申金、酉金，能剋沖去寅木，護財生殺，尚可依喜用而得安穩，後運南方火，一敗塗地矣。

5. 陽明用事命造：
    - 命造：庚辰、壬午、甲辰、丁卯
    - 大運：癸未、甲申、乙酉、丙戌、丁亥、戊子
    - 甲木日元，生於午火月令，時干丁火透出，用水以潤之，然水亦賴金生，金亦賴土生；年支日支逢兩辰，泄火生金蓄水，**用神得力**，一氣相生，五行俱足，**天地交泰，神顯精通，必多奮發**。是以早游泮水，科甲聯登，仕至觀察，一生惟丙戌運金水兩傷不利，其餘皆順境。

第九十一訣：剛柔順逆論口訣
(滴天髓廿五訣之十六)

剛柔不一也，不可制者，引其性情而已矣。
順逆不齊也，不可逆者，順其氣勢而已矣。

1. 全局氣勢已成，只能順其氣勢而行，故過剛不宜剋，洩之可也。過剛不可制之以柔，恐反激發其剛性也，如命局七月為月令則金旺，遇火而激其威，遇木而助其暴也；不若以水濟之，能引通金之情故也。此之謂「不可制者，引其性情而已矣」。

2. 若命局中有柔弱者正好逆全局之氣勢，則若此柔弱者在日元，即是從格；若此柔弱者在其餘四柱干支中，則只有能去此柔弱者方可使全局氣象純粹。故命局中有柔弱者反宜去之，故須要命局四柱中有去之之神，即剋或洩之者也。相反，若無剋或洩，則雖欲去之而不能，其在日元即是不能從，其在四柱即是不能去，故必順其柔弱者之氣勢反幫扶以用之者也。故知柔弱者能去之與否，實在是「順逆不齊」，但凡「不可逆者」，亦即是不可去之者，甚本上皆只可幫之扶之，以「順其氣勢而已矣」。
3. 總結來説，剛柔之道，可順而不可逆也。

命例：

1. 某凶命命造：
    - 命造：癸酉、乙卯、丁未、辛亥
    - 大運：甲寅、癸丑、壬子、辛亥、庚戌、己酉
    - 丁火生於仲春，支全木局，年柱癸坐酉支，粗看之，似乎財滋弱殺，殺印相生，惜卯酉逢沖，破其木局，天干辛金透出，命局成金木交戰，傷木局之元神，至辛運，犯罪亡身。此即剛不宜剋，洩之可也。

2. 李鴻章命造：
   - 命造：癸未、甲寅、乙亥、己卯
   - 大運：癸丑、壬子、辛亥、庚戌、己酉、戊申
   - 乙木日元，支全木局而生寅月，時干己土透天干得甲乙木制之，年柱癸水印星透干且通根日柱亥水而無傷，水木相生，為曲直仁壽格之純粹者也。印透，行金運為官殺生印，化金氣以生木，官印為權，故封侯拜相，均在金運中。如無印透出天干，行金運便成了金木交戰，傷木局之元神，又何能行金運而反貴呢？此即「剛柔之道，可順而不可逆」之道也。
3. 一品誥命夫人命造：
   - 命造：甲寅、丁卯、癸卯、乙卯
   - 大運：丙寅、乙丑、甲子、癸亥、壬戌、辛酉

- 癸水日元，干透甲乙，支全寅卯，從象甚真，全局氣勢已成，只能順其氣勢而行。惜運行北方水木，破其從象，故柔懦無能，絕非佳運。惟北方水木尚算是順其氣勢而行，故命局仍不忌比劫。幸而其格局完美，故能幫夫興家，誥封一品夫人。及致辛酉大運，行金運便成了弱金剋旺木，是衰神沖旺，故歿於此運中。此亦「剛柔之道，可順而不可逆」之道也。

4. 某名人命造：
   - 命造：丁酉、壬子、癸亥、壬子
   - 大運：辛亥、庚戌、己酉、戊申、丁未、丙午
   - 癸水日元，干透兩壬，月日時支全亥子，年干丁火被火合去，年支酉金孤單，為子旺母孤，從象甚真，全局氣勢已成，只能順其氣勢而行。己酉、戊申二十年，官印之地，順其氣勢而行，尚算是佳運。惜運入南方火地，比劫爭財，財源日竭，此亦「剛柔之道，可順而不可逆」之道也。

第九十二訣：寒暖燥濕論口訣
(滴天髓廿五訣之十七)

天道有寒暖，發育萬物，人道得之，不可過也。 地道有燥濕，生成品彙，人道得之，不可偏也。

1. 所謂寒暖、燥濕者，隱含水火成分。命局中水火能夠不過、不偏者，就有如天道之能發育萬物，地道之能生成品彙。故偏過二字，尤宜注意。
2. 陽氣(熱)屬仁，陰氣(寒)屬貪。陽多陽盛主仁，陰重陰盛主貪。
3. 命局金水旺盛而過濕寒者往往是待人冷漠無情，木火旺盛過燥熱者往往是性急心焦。
4. 水有金生遇寒土而愈濕，火有木生遇暖土而愈燥，皆偏也。**過於濕者，滯而無成、過於燥者，烈而有禍。**
5. 命局太濕寒，用熱用燥來調節；命局太燥熱，用寒用濕來調節。定要寒熱燥濕適中，始為佳造，主事業成就。
6. 凡「**寒雖甚而暖有氣、暖雖至而寒有根**」者，若能調節寒熱燥濕適中，即為佳造。
7. 凡「**寒雖甚而暖無氣、暖雖至而寒有根」者，反以無暖、無寒為美，此之謂「物極必反」。**

命例：

1. 寒雖甚而暖有氣之命造：
   - 命造：甲申、丙子、庚辰、戊寅
   - 大運：丁丑、戊寅、己卯、庚辰、辛巳、壬午
   - 庚金日元，月支子水，支全申子辰水局，本為木凋水寒，幸得時支寅木、年干甲木生旺月干丙火，丙火絕處逢生，命局可算是「寒雖甚而暖有氣」。更喜運走東南，所以此人是科甲出身，仕至黃堂。
2. 寒雖甚而暖無氣之命造：
   - 命造：己酉、丙子、庚辰、甲申
   - 大運：乙亥、甲戌、癸酉、壬申、辛未、庚午
   - 庚金日元，月支子水，支全申子辰水局，雖得時干甲木，惜時支申金，弱木無根，木凋水寒，未能生旺月干丙火，命局可算是「寒雖甚而暖無氣」，反以無暖為美。所以初運乙亥，北方水地，有喜無憂，甲戌暗藏丁火為丙火之根，反而刑喪破耗，壬運剋去丙火為佳象，入申運鄉食廩，癸酉財業日增，辛未運轉南鄉，丙火得地生根，破耗多端，庚午運逢寅年，木火齊來，不祿。

3. 暖雖至而寒有根之命造：

- 命造：丁丑、丙午、丙午、壬辰
- 大運：乙巳、甲辰、癸卯、壬寅、辛丑、庚子
- 丙火日元，生於午火月為得令，干透丙丁，日支午火，暖之至矣。時干一點壬水本不足以制猛烈之火，喜其坐辰水庫，更喜年支丑土，命局可算是「暖雖至而寒有根」也。故科甲出身，仕至封疆，惟嫌運途欠醇，命途自是多於起伏。

4. 暖雖至而寒無根之命造：

- 命造：癸未、丁巳、丙午、癸巳
- 大運：丙辰、乙卯、甲寅、癸丑、壬子、辛亥
- 丙火日元，生於巳火月為得令，支全巳午未三會南方火，月干透丁火，暖之至矣。惟得時干及年干兩點虛浮癸水，根本不足以制猛烈之火，命局可算是「暖雖至而寒無根」也，故反以無寒為美。所以初運辰為水庫，祖蔭衰落，乙卯、甲寅大運，家業增新，癸丑寒氣通根，命途多劫，椿萱並逝，壬子運更遭祝融為虐，家破而亡。

第九十三訣：隱顯眾寡論口訣
（滴天髓廿五訣之十八）

> 吉神太露，起爭奪之風，凶物深藏，成養虎之患。
> 抑強扶弱者常理，用強捨弱者玄機。

1. 何謂「吉神太露，起爭奪之風」呢？局中所喜之神虛懸於天干者，歲運不遇忌神，不至爭奪，尚可為用；若歲運遇上忌神合之或沖剋之，是謂之起爭奪之風，最為不妙。
2. 何謂「凶物深藏，成養虎之患」呢？局中所忌之神伏藏於地支者，歲連扶之或沖開其墓庫，則為患不小，所以忌神須制化得所，始為吉造。
3. 論命以我為主，故日主強弱宜審視，次視從化，從化之理不外乎「用強捨弱」而已；從化不成，方以抑強扶弱論之。
4. 一般日主強則宜抑宜洩，弱則宜幫宜扶，即所謂「抑強扶弱者常理」。

命例：

1. 凶物深藏命造：
    - 命造：甲午、丙寅、丁酉、丙午
    - 大運：丁卯、戊辰、己巳、庚午、辛未、壬申
    - 丙火生於寅月，年支時支俱為午火，寅午半合火局，日支酉金無半點幫扶，加上天干外透兩丙，火氣正盛，再者大運木火，假專旺格得成，日支酉金，深藏地支，是凶物深藏，又無卯木沖剋，終成養虎之患。戊辰、己巳兩運，因辰酉合及巳酉合，無法去酉，有災；庚午、辛未去酉金之命，壬申運金水齊來，大敗。此命是忌神深藏，故一生中多成多敗。
2. 凶物深藏命造：
    - 命造：甲申、甲戌、甲寅、甲戌
    - 大運：乙亥、丙子、丁丑、戊寅、己卯、庚辰
    - **此造四甲木透出天干，生於戌土月令，日主通根寅祿，日元旺盛，寅戌半三合。本造水、木、火、土俱不為忌，能遇火通關護財，算得上是佳造，只可惜申金凶物深藏而已。寅卯亥子運中，衣食頗豐，一交庚辰大運，七殺之元神透出，四子俱傷，破家不祿。**

3. 吉神太露命造：
    - 命造：甲辰、丁卯、甲子、戊辰
    - 大運：戊辰、己巳、庚午、辛未、壬申、癸酉
    - **甲木日元，生於卯月得令，地支子辰半合水局，日元旺盛。**木太旺，以月干丁火為用，至巳運，丁火臨旺，名列宮牆。庚午、辛未兩運為截腳之金，雖有刑耗而無大患。壬申運金水齊來，壬水合剋丁火用神，故刑妻剋子，破耗多端。此乃「吉神太露，起爭奪之風」故。

4. 吉神太露命造：
    - 命造：壬午、乙巳、丁丑、丙午
    - 大運：丙午、丁未、戊申、己酉、庚戌、辛亥
    - 丁火生於孟夏，柱中劫旺逢梟，天干壬無根，置之不用。最喜丑中一點財星，深藏歸庫，丑為濕土，能洩火氣，不但不爭無爭奪之風，反有生生之誼。因初交丙午丁未，所以身出寒門，書香不繼；喜中運三十載西土金地，化劫生財，財發十余萬。所謂「吉神深藏，終身之福」也。

5. 用強捨弱命造：
- 命造：戊辰、乙丑、戊戌、辛酉
- 大運：丙寅、丁卯、戊辰、己巳、庚午、辛未
- 此造重重厚土，乙木無根，傷官又旺，其勢足以敵官星之寡。此命只好「用強捨弱」，故初交丙寅丁卯，官星得地，刑耗多端；戊辰得際遇，捐納出仕，及己巳二十年，土生金旺，從佐二而履琴堂。至未運破金，不祿。

6. 用強捨弱命造：
- 命造：戊午、壬戌、丁卯、癸卯
- 大運：癸亥、甲子、乙丑、丙寅、丁卯、戊辰、己巳
- 此造丁火日元，生於戌月，年支午火，戌午半三合火局，日支時支俱為卯木，卯戌合亦為火局，日主旺極，月干壬水及時干癸水雖透而無根，用強捨弱，勢在去官，故是假從旺格。初年運走北方，官星得勢，一事無成；丙寅丁卯，生助火土，經營發財巨萬；戊辰己巳，去盡官煞，一子登科，晚景崢嶸。

第九十四訣：震兑坎離論口訣
(滴天髓廿五訣之十九)

> 震兑主仁義之真機，勢不兩立，而有相成者存。
> 坎離宰天地之中氣，成不獨成，而有相成者在。

1. 坎離者，火與水是也。寒熱不可偏、不可過，惟相剋以相成，故《滴天髓》云：「坎離宰天地之中氣，成不獨成，而有相成者在」。
2. 震兑者，金與木是也。木主仁，**若過旺又欠流通者太愚仁，容易受騙；金主義，若過旺又欠流通者太血氣方剛，性好掌權。**若能相剋以相成，可得仁義之真機。如秋金而遇木茂，木終不能為金之害，反以成金之仁；又如春木而遇金盛，金實足以制木之性，反以全木之義。故《滴天髓》云：「震兑主仁義之真機，勢不兩立，而有相成者存。」
3. 另外，若天干皆火、地支皆水為「火水未濟」，以其外為陽氣(熱)屬仁、內為陰氣(寒)屬貪，然而火既虛浮身弱，交戰又豈能勝水？故外離內坎者，定主其人外表仁義、內心陰險、口是心非、好玩弄陰謀。

命例：

1. 春木而遇金之命造：
    - 命造：丙寅、庚寅、甲申、乙丑
    - 大運：辛卯、壬辰、癸巳、甲午、乙未、丙申
    - 甲木日元，生於寅月立春後四日，為春初木嫩，天氣寒凝，日主坐申，月透庚金，丑土貼生申金，木嫩金堅，宜用火以攻之。喜得年干透丙剋制庚金，初運辛卯、壬辰，有傷丙火，蹭蹬芸窗；癸巳運轉南方，丙火祿旺，納粟入監，運捷南宮；甲午、乙未，宦海無波，申運不祿。
2. 木旺金衰之命造：
    - 命造：庚戌、己卯、甲寅、丁卯
    - 大運：庚辰、辛巳、壬午、癸未、甲申、乙酉
    - 甲木生於仲春，坐祿逢刃，木旺金衰，用土以成之，方能化土生金，斬削以成真。初遊幕，獲利納捐，至癸未運出仕；甲申乙酉，木無根，金得地，從佐二升知縣而遷州牧。

3. 木凋金銳之命造：
   - 命造：庚戌、甲申、甲戌、乙丑
   - 大運：乙酉、丙戌、丁亥、戊子、己丑、庚寅
   - 甲木日元，生於申月死絕之地，財生殺旺，雖天干三透甲乙，而地支不載，木凋金銳，格成從殺。戌運武甲出身；丁亥運生木剋金，刑耗多端；戊子己丑，財生殺旺，仕至副將。
4. 寒木必得火之命造：
   - 命造：辛酉、庚子、甲子、丙寅
   - 大運：己亥、戊戌、丁酉、丙申、乙未、甲午
   - 甲木日元，生於子月仲冬，木衰金寒，用火以暖之，金亦得其制矣；況乎時逢祿旺，一陽解凍，所謂「得氣之寒，遇暖而發」。故寒木必得火以生之也。所以科甲聯登，仕至侍郎。
5. 離衰坎旺之命造：
   - 命造：丙子、己亥、丙寅、戊子
   - 大運：庚子、辛丑、壬寅癸卯、甲辰、乙巳
   - 丙火生於孟冬，又逢兩子，天干離衰，地支坎旺，用寅木以升之也。至壬寅，東方木地，采芹折桂；卯運出仕，一路運走東南，仕至觀察。

6. 坎衰離旺之命造：
   - 命造：壬午、壬寅、壬戌、庚戌
   - 大運：癸卯、甲辰、乙巳、丙午、丁未、戊申
   - 壬水生於孟春，支全火局，雖年月兩透比肩，皆屬無根。天干坎衰，地支離旺，用庚金以降之也。惜乎運途東南，在外奔跑四十年，年至五旬外，仍一無成就，至戌運而終。
7. 離衰坎旺之命造：
   - 命造：丙子、丙申、丙子、丙申
   - 大運：丁酉、戊戌、己亥、庚子、辛丑、壬寅、癸卯、甲辰
   - 此造地支，兩申兩子，水逢生旺，金作水論；天干四丙，地支無根，離衰坎旺，須以木運和之也。惜乎五行不順，五十年西北金水之地，故艱難險阻，刑傷顛沛；五旬外運走壬寅，東方木地，財進業興，及癸卯、甲辰，始發財小富。

8. 坎衰離旺之命造：

- 命造：癸巳、壬戌、壬午、壬寅
- 大運：辛酉、庚申、己未、戊午、丁巳、丙辰
- 壬午日元，生於戌月，支會火局，年支坐巳，天干皆飲，地支皆離，必須金運以解之也。初交辛酉庚申，正得成其既濟，解其財殺之勢，叨化日之光，豐衣足食；一交己未，刑耗異常，戊午財殺並旺，出外遇盜喪身。

第三章：

牢關

《滴天髓》心悟

第三章:《滴天髓》心悟:牢關

第九十五訣:真假論口訣
(滴天髓廿五訣之二十)

> 令上尋真聚得真,假神休要亂真神,
> 真神得用平生貴,用假終為碌碌人。
> 真假參差難辨論,不明不暗受迍邅,
> 提綱不與真神照,暗處尋真也有真。

1. 命理中有所謂「真神」、「假神」。凡得時秉令之神,即謂之真神;相反,凡失時退氣之神,即是假神。
2. 若然命局之用神是得時秉令兼能透出天干之真神,即是「令上尋真聚得真」了,若此用神不為假神破損,即是「真神得用平生貴」,乃上佳命造矣。
3. 命局之中縱有為忌之假神,若然安頓得好,例如:不與真神緊貼、或被他神合住、或遙隔,亦無害也。但倘若為忌之假神與真神緊貼、或相剋相沖、或合住真神,最終亦只能為庸庸碌碌之人吧了!

4. 若命局之用神是失時退氣之假神，只須歲運能抑真扶假，亦可發福。但若歲運反助真損假，則凶禍立至矣。
5. 例如：寅月生人，命局不透木火而透金為用神，是為提綱不照也，故金即為假神。若歲運得己丑暗生金、或得乙庚合化金，氣轉西方，即為抑真扶假，亦或發福。
6. 又例如：寅月生之人，命局不透木火而金為用神，而年日時又得申酉戌巳丑之類會合金局，此謂真神失勢，假神得局，亦為佳造。
7. 若然命中四柱真神不透天干，是謂之真神不足；再加上假神未能得局，是謂之假神亦虛。如是者，則真神假神俱顯頹敗之象，乃為碌碌人矣。
8. 命理學裡之會局合神從化、用神衰旺、形象氣勢、心跡才德邪正、行運緩急、生死進退，沒有不依據真假參差作為基本原則的，故宜詳辨之。

命例：

1. 令上尋真聚得真之命造：
   - 命造：甲子、丙寅、己丑、甲子
   - 大運：丁卯、戊辰、己巳、庚午、辛未、壬申
   - 山東劉中堂造，已土卑薄，生於春初，寒濕之體，其氣虛弱，得甲丙並透，印正官清，聚得真也。柱中金不現，假神不亂。甲己合而不化，喜運走東南印旺之地，仕至尚書，有尊君庇民之德，負經邦論道這才也。
2. 真神當令之命造：
   - 命造：壬申、壬寅、丙子、乙未
   - 大運：癸卯、甲辰、乙巳、丙午、丁未、戊申
   - 殺逞財勢，嫩木逢生，最喜寅木真神當令，時干透出乙木元神。寅申之沖，謂之有病。運至南方火地，去申金之病，仕至封疆，聲名赫弈。有潤澤生民之德，懷任重致遠之才也。

3. 假神亂真之命造：
   - 命造：庚申、戊寅、壬子、甲辰
   - 大運：己卯、庚辰、辛巳、壬午、癸未、甲申
   - 日元壬水，生於寅月，申子辰會局幫身，不當弱論。喜其時干甲木，真神髮露；所嫌者，年柱遇庚申，申金沖剋月令寅木，又逢戊土生助庚金，謂假神亂真。雖然早采芹香，屢困秋闈；至壬午運，方能秋桂高攀，加捐縣令；申運沖寅，假神得助，不祿。
4. 真神失勢之命造：
   - 命造：乙酉、戊寅、壬午、庚戌
   - 大運：丁丑、丙子、乙亥、甲戌、癸酉、壬申
   - 壬水生於寅木月令為休囚，月柱天干透戊土七殺，造命局以庚金化殺為用。而天干土金並透，地支寅午戌三合火局，此謂真神失勢，假神得局。雖嫌支全火局，剋金灼水，喜其火不透干，庚金生化，仍純粹可觀，故運走西北，所以早登云路，甲第蜚聲，仕至封疆，有利民濟物之志，稟秀德真儒之器。總嫌火局為病，仕途未免多起落。

5. 真神無情、假神虛脱之命造：

- 命造：丙子、己亥、辛酉、己亥
- 大運：庚子、辛丑、壬寅、癸卯、甲辰、乙巳
- 此造以俗論之，寒金喜火，金水傷官喜見官，且日主專祿，必用丙火無疑。不知水勢倡狂，病竊去命主無元神，不但不能官，即或用官，而丙火全無根氣，必須用己土之印，使其止水生金衛火。丙入亥宮臨絕，欲使丙火生土，而丙火先受水剋，焉能生土？所以己土反被水傷，真神無情，假神虛脱。初運庚子辛丑。比劫幫身，叨蔭之福，衣食頗豐；壬運丁艱；一交寅運，東方木地，虛土受傷，破蕩祖業，刑妻剋子，出外不知所終。

第九十六訣：從化論口訣
(滴天髓廿五訣之二十一)

> 從得真者只論從，從神又有吉和凶。
> 化得真者只論化，化神還有幾般話。
> 真從之家有幾人，假從亦可發其身。
> 假化之人亦多貴，異姓孤兒能出類。

1. **從弱**：衰之極者不可益，弱極則從其它旺勢，相得益彰。
2. 這就是說五行太過衰弱時，若勉強助它，反生為剋，必然產生相反效果，加重旺衰的對立，使衰者受到更大的損害。這是因為當五行太過衰弱時，便能有在太極中以柔制剛的強旺生機。其興衰每每決定於所依從的其它五行的旺衰。若勉強助其衰，必然相反加重了旺衰的對立，使衰者反而受到極大的損害。這好比中國古代女性，在社會上屬弱勢社羣，女性的旺衰，每每決定於丈夫運氣的好壞，丈夫的運氣旺衰好壞，必然就決定了妻子的旺衰。

3. 何謂「從得真者只論從，從神又有吉和凶」呢？日主孤弱無氣，天地人元絕無一毫生扶之力，才官強甚，乃為真從也，當論所從之神，如從財即以財為主，財神是木，又要看意向，或要火、或要土，而行運得所者必吉，否則凶，餘皆仿此。
4. 何謂「真從之家有幾人，假從亦可發其身」呢？日主弱矣，才官強矣，不能不從，中有所助，及暗生者，從之不真，至於行運才官得地，雖是假從，亦可助富貴，但其人不能免禍，或者心地不端耳。
5. 天干五合者，即：
   - 甲己合：正化則化土、夫從妻化亦化土、妻從夫化則化木。
   - 乙庚合：正化則化金、夫從妻化則化木、妻從夫化亦化金。
   - 丙辛合：正化則化水、夫從妻化則化金、妻從夫化則化火。
   - 丁壬合：正化則化木、夫從妻化則化火、妻從夫化則化水。
   - 戊癸合：正化則化火、夫從妻化則化水、妻從夫化則化土。

6. 化神可指正化之化神(如丙辛合，正化則化水，水為正化之化神)、夫從妻化之化神(如丙辛合，夫從妻化則化金，金為夫從妻化之化神)、或妻從夫化之化神(如丙辛合，妻從夫化則化火，火為妻從夫化之化神)。
7. 天干暗五合為甲午(甲己合)、丁亥(壬丁合)、戊子(戊癸合)、辛巳(丙辛合)、壬午(壬丁合)。以甲午合為例説明「暗五合」的形成，甲午暗合是甲與午中藏干的己合，故甲午暗合土，其餘如此類推。
8. 天干五合、天干暗五合，皆有合而能化與合而不化的分別。
9. 一般來説，化神不能被制或被洩氣。天干也不能出現爭合情況，尤其是當多出了的天干與化神五行不同的時候。
10. 合而不能化的兩個天干將會互相牽制，不會再與其它天干發生任何生剋的關係，然而歲運爭合則另作別論。
11. 原則上，被合化為其它五行的天干，在原命局中都必須是衰弱無力，不能獨立自主的。如果任何一個五行有足夠的獨立能力，根本就不會放棄自己的五行屬性而變化為別的五行。所以，兩個天干，必須乎合以下第一至四點，才稱得上是合化。

- 合化之兩干相鄰。
- 化神得令或地支會合成化神。
- 天干沒有出現剋制化神的五行。
- 被合化的天干本身失勢(沒有比劫)、失地(沒有根氣)和失令。
- 歲干或運干與命局的其它天干逢合，如果歲支或運支能生旺化神則可論化。

12. 自古命理學家一般相信，合化成格者，為功名顯達。這觀點也是以偏蓋全，不能盡信。合化的吉凶總原則，是「合去喜神合來忌神」為凶為災，而「合去忌神合來喜神」則為喜為福。如甲日主身旺，以辛金為官而干透丙火，合去喜神辛官，合來忌神水印，則此合為忌。
13. 何謂「化得真者只論化，化神還有幾般話」呢？如命局甲己合化土，若土陰寒，要火土昌旺，土太旺，要用水為財，金為食傷，隨其所向，論其喜忌。再見甲乙，亦不可以爭合妒合論，蓋化真矣，如烈女不更二夫，歲運遇之，皆閑神也。
14. 何謂「假化之人亦多貴，異姓孤兒能出類」呢？日主孤弱，而遇合神真，不能不化，但遇干支暗扶日主，合神又虛弱，不為真化，惟至歲運扶起合神，制伏助神，雖為假化，亦可取用。但其人多執滯偏拗，作事屯覃，骨肉欠遂。

命例：

1. 假從旺格之命造：
   - 命造：乙亥、己卯、甲申、乙亥
   - 大運：戊寅、丁丑、丙子、乙亥、甲戌、癸酉
   - 此肅耀南巡閱使之命造，甲木日主，生二月陽刃格，四柱干透旺木，亥卯半會，月支申金合制陽刃為忌，假從旺格。大運至子、乙亥、甲二十年，洩金生木，助起陽刃，雲程直上，官至巡閱使，戌運土生會剋木而逝世。
2. 假從旺格之命造：
   - 命造：辛未、甲午、丙申、戊戌
   - 大運：癸巳、壬辰、辛卯、庚寅、己丑、戊子
   - 某大員命造，丙火生午月，而日主坐申，月時甲午戌暗三合化火，戊辛並見天干，忌神虛脫，炎上格也。至寅運沖去申金，旺神沖衰衰神拔，遂高官，為維監運使，此衰神為忌，沖去為吉之例也。

3. 從弱格之命造：
    - 命造：壬寅、丁未、己卯、乙亥
    - 大運：戊申、己酉、庚戌、辛亥、壬子、癸丑
    - 己日未月，地支亥卯未全，而年支逢剋，木之氣勢方盛，時干乙木透出，丁壬合而化木，己土之勢頻臨絕地，不得不從，此即從弱格也。至運行水木之地之時，貴為外交總長。
4. 假化氣格之命造：
    - 命造：戊戌、壬戌、甲辰、己巳
    - 大運：癸亥、甲子、乙丑、丙寅、丁卯、戊辰、己巳
    - 甲木日主，生戌土月為休囚，土旺用事，年柱戊土元神透出，剋去壬水，甲己之合，真而且旺，化氣有餘。惜運行東北，水木之地，背悖化神之氣，青雲無路；，丙寅、丁卯，丙丁並透，寅戌會火，卯戌合火，與化神不悖，青雲得露，仕至州牧。

5. 假化氣格之命造：
   - 命造：癸丑、丙辰、辛亥、戊子
   - 大運：乙卯、甲寅、癸丑、壬子、辛亥、庚戌、己酉
   - 丙火日元，生於辰月為休囚，支全丑亥子辰，丙辛合化水，化氣格也，但時干透戊土，逆水之旺勢，故祇能以假化論之。幸而大運一片金水之鄉，抑假扶真，助化神之氣勢。此命為清代中興名臣也，正合《滴天髓》所云「假化之人亦多貴」之意旨也。
6. 從「食、財、官」格之命造：
   - 命造：己卯、辛未、壬午、乙巳
   - 大運：庚午己巳戊辰丁卯丙寅乙丑
   - 壬水日主，生未月死絕，乙卯未木勢本旺，支全巳午未南方火旺，木助火勢，月干透辛金臨絕而無氣；火又生土，故格成假從「食、財、官」格。運行東南，財旺之地，剋去辛金病神，位至封疆大吏。

第九十七訣：順反論口訣
(滴天髓廿五訣之二十二)

一出門來要見兒，吾兒成氣搆門閭，
從兒不論身強弱，只要吾兒又遇兒。
君賴臣生理最微，兒能生母洩天機，
母慈滅子關頭異，夫健何為又怕妻。

1. 何謂「從兒不論身強弱，只要吾兒又遇兒」呢？此説明從食傷格不論日主本身之強弱，但必須要食傷成氣象、且同時能夠流通生財者，方為入格。因財能制印洩比劫，以防其破格之故。如：木遇火成氣象，不論日主強弱，而又看火能生土氣，成生育之勢，此為從食傷格而同時流通生財，必然富貴矣。
2. 何謂「君賴臣生」呢？木君也土臣也，木浮水泛，土止水，則生木；木旺火熾，金伐木，則生火；火旺土焦，水剋火，則生土；土重金埋，木剋土，則生金；金旺水濁，火剋金，則生水，皆君賴臣也。

3. 何謂「兒能生母」呢？木為母，火為子，木被金傷，火剋金則生木；火遭水剋，土剋水則生火；土遇木傷，金剋木則生土；金逢火煉，水剋火則生金；水因土塞，木剋土則生水，皆兒能生母。
4. 何謂「母慈滅子」呢？木母也，火子也，木旺謂之慈母，反使火熾而焚滅子火，土金水亦如之。水泛木浮，土止水則生木；木旺火晦，金伐木則生火；火炎土焦，水剋火則生土；土重埋金，木剋土則生金；金旺水濁，火剋金則生水。
5. 何謂「夫健怕妻」呢？木夫也土妻也，木雖旺，土生金而剋木，是謂夫健而怕妻；火土金水亦如之。其有水逢烈火而生土、火逢寒金而生水。
6. 命理中又有所謂「反局」者，如水生金者，潤地之燥；火生木者，解木之凍；火焚木而水竭；土滲水而木枯，皆為反局，學者細推詳其元妙。

命例：

1. 「吾兒又遇兒」之命造：
    - 命造：戊戌、丁巳、乙未、丙戌
    - 大運：丁巳、戊午、己未、庚申、辛酉、壬戌、癸亥
    - 乙木日元，生巳火月為休囚，雖蟠根在未，四柱皆財，又傷食以生之，其勢必從，為兒又見兒也。運行南火土之地，秀氣洋溢，名題雁塔，鰲頭冠五百之仙；癸亥運，沖擊丁巳月柱不靜而亡。
2. 「吾兒又遇兒」之命造：
    - 命造：戊辰、乙卯、壬寅、甲辰
    - 大運：丙辰、丁巳、戊午、己未、庚申、辛酉
    - 日元壬水，生於卯月為休囚，干透甲乙，支全東方，從兒格也，運行丙辰、丁巳讀書求學，絕頂聰明，戊午、己未運宦海神龍，是吾兒又遇兒故；交上庚申印綬運，從兒格之大忌，壽夭中年，此亦命也。

3. 「母慈滅子」之命造：
   - 命造：癸未、甲寅、丁卯、甲辰
   - 大運：癸丑、壬子、辛亥、庚戌、己酉、戊申、丁未、丙午
   - 此乃姜太公命造。丁火日元，生寅月，干透兩甲，支全寅卯辰東方，年干癸殺透出，不能以煞印相生為用，因木旺火晦，須以日主之丁火，反洩印綬為美，即母慈滅子之理也。運行金水之地，天干幸得甲木之洩，不至凶禍，惟是歷盡難艱而已；至丁未、丙午運，老而發達，世傳姜太公八十而仕，信之不謬也。
4. 「母慈滅子」之命造：
   - 命造：壬子、壬子、甲子、壬申
   - 大運：癸丑、甲寅、乙卯、丙辰、丁巳、戊午
   - 甲木日主，生於子水印月，四柱皆印，水勢沖奔，乃母多滅子。水勢澎湃，只能順洩其旺勢，故命局不能以財破印也。大運甲寅、乙卯，東方木地，順洩水之旺勢，年青發達，職位高遷；一至丙運，食神之地，與母不和，家破人亡。

5. 「君賴臣生」之命造：
    - 命造：戊辰、甲寅、丁卯、己酉
    - 大運：乙卯、丙辰、丁巳、戊午、己未、庚申、辛酉
    - 丁火日元，生於寅月，干透甲木，支全寅卯辰東方，木多火塞，喜得時柱己酉，食神生財，財星有氣，制木存火，成其反生之功，此即君賴臣生之理也，運至己未、庚申、辛酉，財星得地，貴為一國元首。

6. 「兒能生母」之命造：
    - 命造：壬申、癸丑、乙丑、辛巳
    - 大運：甲寅、乙卯、丙辰、丁巳、戊午、己未
    - 乙木日元，生於丑月為休囚，年月時干，壬癸並透，氣候嚴寒，生機不暢，喜得時支巳宮藏丙火，照暖乙木，寒谷回春，丙火為乙木之傷官，兒能生母也，取以為用，則生機暢順，天干之殺印，因非日主所喜之神，皆置之不用。運行東南木火陽暖之地，名利通達，仕至高官。

7. 「夫健怕妻」之命造：
   - 命造：癸亥、甲子、戊戌、壬子
   - 大運：癸亥、壬戌、辛酉、庚申、己未、戊午、丁巳
   - 戊土坐戌自旺，四柱皆財，月干殺星透出，是為夫健怕妻之局。大運至己未、戊午，帶火之土，仕至極品。
8. 反局之命造：
   - 命造：戊午、丁巳、己卯、庚午
   - 大運：戊午、己未、庚申、辛酉、壬戌、癸亥
   - 己土日主，生於巳火月令，命局火旺土焦、火能焚木，至庚子年春闈奏捷，以金之水足以制火之烈、潤土之燥故。其不能顯貴，仕路蹭蹬者，居中無水之故也。

第九十八訣：歲運論口訣
(滴天髓廿五訣之二十三)

休咎繫乎運，尤繫乎歲。
沖戰視其孰降，和好視其孰親。

1. 何謂「休咎繫乎運，尤繫乎歲」呢？命局好比一輛汽車，不同的命局，就是不同類型不同性能的汽車。大運好比一段已預先編定的路程，不同的大運就是不同素質不同狀況的路程。流年好比風霜雨雪、燥濕寒暑等天氣變化。流月則是各種天氣變化的波浪曲線。道路本身的素質和狀況(大運)，固然能影響汽車(命局)前進的快慢順阻，但天氣變化流年、流月)則更直接地影響路面狀況(大運)和汽車(命局)前進的速度。換言之，流年對命有直接的影響力，包括性情及吉凶禍福。《滴天髓》云「休咎繫乎運，尤繫乎歲」，太歲(流年)有決定生死之權，有時大運利於命，但太歲對命局產生破壞性的合沖剋刑害時，輕則耗損，中則刑病，重則死，故不可不察。

2. 何謂「沖戰視其孰降，和好視其孰親」呢？原命局可以被想像為一靜態的平衡系統，如果是五行中和或流通，皆屬於穩定的平衡系統，其它的則屬於不穩定的平衡系統。當原命局系統受到大運或流年的干支生剋及會合沖刑害時，便能生動。在地支則看沖為主，在天干看合為主，而吉凶則主要看原來的平衡系統有沒有被打破或改善，即所謂「沖戰視其孰降，和好視其孰親」。

命例：

1. 某郡守之命造：
   - 命造：庚辰、丁亥、庚辰、丁丑
   - 大運：戊子、己丑、庚寅、辛卯、壬辰、癸巳
   - 庚辰日元，生於亥月，天干丁火並透，辰亥皆藏甲乙，足以用火。初運戊子、己丑，晦火生金，未遂所願。庚運丙午年，庚坐寅支截腳，天干兩丁，足可敵一庚，又逢丙午年，是年捷桂，丁未年擠下知縣，寅運官資頗豐；辛卯截腳，局中丁火回剋，仕至郡守；壬辰水生庫根，至壬申年，兩丁皆傷，不祿。

2. 遭逢不測之命造：
   - 命造：乙未、戊子、庚辰、丁丑
   - 大運：戊子、己丑、庚寅、辛卯、壬辰、癸巳
   - 庚辰日無，生於子月，未土破子水，天干木火，皆得辰未之餘氣，足以用木生火。丙運入泮，癸酉年行乙酉運，癸合戊不化火，乙酉截腳之木，非木也，實金也。癸酉年水逢金生，又在冬令，焉能合戊化火？必剋丁火無疑，酉中純金，八月又建辛酉，局中木火皆傷，防生不測之災。竟卒於省中。
3. 財運反覆之命造：
   - 命造：戊子、乙卯、丙寅、丁酉
   - 大運：丙辰、丁巳、戊午、己未、庚申、辛酉
   - 丙寅日元，生於卯月，木火並旺，土金皆傷，水亦休囚。大運丙辰、丁巳，遺業消磨，戊午、己未燥土，不能生金洩火，經營虧空萬金，逃出外方；交庚申、辛酉二十年，竟獲居奇之利，發財十餘萬。
4. 中國100米跨欄王劉翔之命造：
   - 命造：癸亥、己未、壬寅、乙巳
   - 大運：戊午、丁巳、丙辰、乙卯、甲寅、癸丑

- 乙亥未暗三合化木，木旺宜洩，火為用神。木主筋絡，化洩得宜則強健；反之則主傷患。大運丁巳火旺，2002年流年壬午，火旺洩木得宜，於亞運會100米跨欄奪金，初露頭角；2004年流年甲申，甲木生旺丁火，故於雅典奧運會奪金，並破奧運紀錄，但因申巳合羈伴時支用神，時支為腳，亦種下跟腱受傷之後患。2005年起進入丙辰大運，2006流年丙戌，丙火勢不可擋，於國際田聯大賽瑞士洛桑站刷新世界紀錄；2007年為丁亥年，丙火丁火並臨，於世界田徑錦標勇奪世界冠軍，集奧運冠軍、世界冠軍、世界紀錄保持者於一身，惟是年亦是時支巳火逢亥水之沖，時柱為腳，於是年年底跟腱傷患加重，後患無窮。2008年戊子年，子水打開辰土水庫，流年不利丙火之勢，故是年在國際田聯大賽紐約站因傷退賽、並於2008年北京奧運會負傷離場，令一眾擁護者傷心震驚。劉翔於2010年將進入丙辰大運中的辰運部份，火力將會減弱，加上2012年流年壬辰，歲運不就，他本人雖決心要在下次奧運會東山再起，這又談何容易呢？

第九十九訣：清濁論口訣
（滴天髓廿五訣之二十四）

> 一清到底有清神，管取平生富貴真，
> 澄濁求清清得去，時來寒谷也生春。
> 滿盤濁氣令人苦，一局清枯也苦人，
> 半濁半清無去取，多成多敗度晨昏。

1. 命局的有情無情（合於日主需要者為有情）、純雜（偏正神混雜者為不純）、清濁（濕寒燥熱、順逆、神枯）等，在命理學上是非常重要的概念，亦是判斷命局高低的重要指標。可惜命理古藉對於以上概念的描述都非常混亂，其中尤以「清濁」的描述更使人難以掌握，致使很多人都覺得無所適從，很難實踐概念。
2. 「清」者氣之清和也，「濁」者氣之混濁也。「氣」指四柱氣勢。「氣濁」指氣勢混濁，形成過濕寒或過燥熱、或沖戰剋害一塌糊塗、或無用神偏枯無力。「氣清」指氣勢恬靜清和，形成寒熱均衡、五行流通有情（合於日主需要為有情）、喜用神生剋制化得宜有情。四柱尤以地支能恬靜清和為最重要。
3. 命局氣濁，只要行運能掃除濁氣，補足清氣（濁中清），可屬佳運。

4. 命局雖清，若行運一路背清就濁（清中濁），主少成多敗，富貴非真，不吉。
5. 濕寒燥熱看清濁（看清濁三法之一）：
   - 掌握濕寒和燥熱，首先要看月令，再看五行眾寡。生在夏天之火，如果命局內未、戌二土多，謂之過燥熱；生在冬天之水，如果命局內丑、辰二土多，謂之過濕寒。
   - 濕寒為陰氣，當逢燥熱有所成；燥熱為陽氣，當遇濕寒能生發。過於濕寒或燥熱都是氣濁的一種。過於濕者，滯而無成；過於燥者，烈而有禍。
   - 命局中寒暖適中為氣清的一種。寒雖甚，只要暖有氣；暖雖過，只要寒有根，便是佳造。
6. 順逆看清濁（看清濁三法之二）：
   - 身旺五行順流有情，則氣清：身旺之命直順流到食傷或財（主富），或官殺而停者（主富且貴），大吉。
   - 身弱喜逆流有情，則氣清：身弱官殺旺，加上印弱或缺印者，用印星為用神，命喜逆流，使命局成官生印生身（主貴），或財生官生印生身逆流而止為喜（主富且貴），大吉。

7. 神枯看清濁（看清濁三法之三）：
   - 神枯：「神」指四柱的喜用神，為一個命局的靈魂或死穴。「枯」指枯竭，「神枯」是指喜用神枯竭。例如：身弱用印而命局中財星壞印；或身旺用食傷而印制食傷。神枯則氣濁、神不枯則氣清。
8. 得清者非富則貴，濁者不貧也賤。所謂「一清到底有清神，管取平生富貴真」，這就是以上所講的三清齊得，富貴必真，是上佳的命造。若能三得其二，可謂「澄濁求清清得去，時來寒谷也生春」，這是說命局氣濁，若行運能掃除濁氣，補足清氣（濁中清），亦可算是佳造。若三濁並臨，可算是「滿盤濁氣令人苦，一局清枯也苦人」的劣等命造。若三清只得其一，是謂「半濁半清無去取，多成多敗度晨昏」，這是由於濁氣難去，少成多敗，亦為中下等的劣造。
9. 有時兩個命局的基本形象相同，但是由於清濁的不同，兩個命局的主人在富貴貧賤方面，可以有天壤之別。

命例：

1. 一清到底之命造：
   - 命造：癸亥、甲子、丙寅、乙未
   - 大運：癸亥、壬戌、辛酉、庚申、己未、戊午
   - 三冬丙火，失時者弱，年柱官煞並見，似乎官煞混雜而身弱，喜其甲乙並透，殺印相生，此一清到底有清神也，行庚申、辛酉運，財生官，官生印，名標金榜，仕版連登，己未、戊午運，雖不佳，但有印星回制，功名事業得始終也。
2. 濁中清之命造：
   - 命造：癸酉、丁巳、甲子、戊辰
   - 大運：丙辰、乙卯、甲寅、癸丑、壬子、辛亥、庚戌
   - 甲子坐印，巳酉會金，四月火旺秉令，丁火透干，有損官貴，喜年干癸印坐酉，得祿於子，地位接近，制傷護官，戊土透時遠隔，財不破印，濁中之清也，配合適宜，運入印鄉，宜貴出入上，坐鎮一方，此抗戰時某將軍命造也。

3. 偏枯之造：
- 命造：癸巳、甲申、甲申、壬申
- 大運：己未、戊午、丁巳、丙辰、乙卯、甲寅、癸丑、壬子
- 甲生申月，支見三申，身臨絕地，干透水木，煞印重重，年支巳火，被申合而化金，吉神被合而去，此種八字為濁也，但運途一路南方得所，亦不能發達，僅溫飽而已。

4. 滿盤濁氣之造：
- 命造：癸丑、己未、丙午、己丑
- 大運：戊午、丁巳、丙辰、乙卯、甲寅、癸丑、壬子
- 丙日坐午生季夏，火氣稍退，加上四柱傷官肆逞，丑乃濕土，晦丙火之光，旺中變弱，滿盤濁氣當權，兼之先是三十年運程火土，半生起倒多端，有志難伸，運至乙卯、甲寅，制土生身，掃除濁氣，左右逢源，發財創業。

第一百訣：貞元論口訣
（滴天髓廿五訣之二十五）

造化起於元，亦止於貞。
再肇貞元之會，胚胎嗣續之機。

1. 陳素庵《滴天髓輯要》云：「造化生生不息機，貞元往復運誰知。有人識得其中數，貞下開元是處宜。」
2. 《易經》以「元、亨、利、貞」來代來表造化生生不息之機，道出了一切無非都是在循環往復而已。「元」是初始、「亨」是通達、「利」是助益、「貞」是貞固。這「元、亨、利、貞」就是週而復始、生生不息的意思，此亦即是所謂「貞元往復」、「貞下開元」的意思。
3. 在八字裡，何謂「貞元」？如以八字看以年為元，月為亨，日為利，時為貞，年月吉者前半世吉，日時吉者後半世吉。如以大運看，以初十五年為元，次十五年為亨，中十五年為利，後十五年為貞，元亨運吉，前半世吉，利貞運吉，後半世吉，皆貞元之道。
4. 至於人之壽終矣，而既終之後，運之所行，果所喜者歟，則其家必興，果所忌者歟，則其家必替，此貞下起元之妙，生生不息之機，所以驗奕世之兆，而知運數之一定不易者也。

附錄一：八字十式

附錄一：八字十式

第一式：一分為二、化繁為簡(看八字平衡)

八字不管原局五行生剋制化如何複雜，均可一分為二，化繁為簡：

以水火分： 火由木生，火中有木；水由金生，水中有金。「以水火分」已經包括「以寒熱分」(金水為寒，木火為煖)，及「以燥濕分」(水有金生遇寒土而愈濕，火有木生遇暖土而愈燥)。

以金木分： 金木之真機，自有相剋相成者存。

以體用分： 「體」是我自己及我能使用的工具，例如日主、印、比肩等都是體；「用」是我的目的、我的追求，即是我要得到的東西，例如財、官等都是用。

以從弱分： 從弱之天干，由從轉不從，或由不從轉從，人生自有大變動。

第二式：干支氣象、知其力、用其勢（看八字等級）

八字需看有否「氣象規模」，以「知其力、用其勢」。八字不管原局五行生剋制化如何複雜，均可透過簡單觀察各個干支氣象，對五行氣象規模一目了然，藉以做到知其力、用其勢：

觀察各干支之五行氣力、氣勢強弱：

因干支一體，先看日干，再看日支；並觀察其得令、得地、得黨情形，即可知日干五行氣力強弱。再觀察年、月、時干之五行氣力強弱情形。

地支未透干者，若觀察其得令並得二支以上與否，或支呈三合、三會局與否，即可知其五行氣勢強弱情形。

比較八字五行相互氣象規模，若五行各得其所，自然歸聚成福：

若日干一氣獨旺，即一行成象。

若與日干有兩氣並旺，即兩行成象。

若與日干有三氣並旺，即三行成象。

若與日干有四氣並旺，即四行成象。

若日主五行氣力極弱，而其他五行氣力、氣勢偏強，即從弱格。有從一行、兩行、三行、四行。

若干支五行雜陳，不成氣勢，可歸「無格局」、「雜格局」，此乃柔弱偏枯，小人之象。

第三式：我與非我、距離遠近（看八字環境）

學習八字必須建立一個正確觀念，即日干為我，稱為「主」，其餘三干四支為非我，是我要面對的。我有我之喜忌，非我亦有非我之喜忌。

故八字論喜忌，須詳而細微，分別事業／學業、父母、六親、情緣、婚姻、財富、名、地位、聰明智慧、出身環境、凶災、官非、…。切忌含混籠統，說好說壞。

日干為我，我之生存力高低，將決定我能夠享受或適應環境(其餘三干四支)力之強弱。大運流年是外來的，對我的八字產生影響。每逢大運流年，為日干我所喜者，未必為其餘三干四支非我所喜；為我所忌者，未必為非我所忌；為此非我所喜者，未必為彼非我所喜；為此非我所忌者，未必為彼非我所忌。

故行美運，未必福祿壽三全；行惡運，未必妻財子祿皆傷。所謂好年也有凶災，惡運也可進財；即使進財，也得看財星在其麼位置，如在主位(如合日干)，就是我的財，如在賓位，就是別人的財了。切忌含混籠統，說好說壞。

八字干支之生剋作用大小和距離成反比。例如，八字以日干為我，首先要考慮的即是日支、月干及時干。唯有將日支、月干及時干對日干的作用了解清楚，才能有效地推論我之生存力高低，以及我能夠享受或適應環境力之強弱。

第四式：歲運作用、浮沉升降（看歲運波動）

在八字命理學中，以命局論根基，以歲運論起伏波動。八字逢歲運入命，即有該歲運干支之屬性及心性進入，影響原來八字的環境。

八字干支之相互生剋作用大小和距離成反比。但是，歲運入命，其位置又將如何排列？在八字命理學中，歲運之波動性，乃決定於歲運干支對原來八字命局中各個干支發揮之「浮沉升降」作用之程度。

「升降」：

八字中某天干原無根，若逢相應之歲運地支而得根，是名「下降」，該天干即可免漂浮。

八字中某地支五行原未透上天干，若逢相應之歲運天干而得透干，是名「上升」，該地支五行隱伏之氣勢即可轉化成相關的顯現之力動。

「浮沉」:

把八字中原來的四個天干放在水平線上，再把歲運干支與原來八字之生剋制化等現象之結果，代入此天干之圖表，以看出四個天干各自力氣之浮(提升)沉(降低)，便可得出八字中四個天干之波動圖了。

把八字中原來的四個地支放在水平線上，再把歲運干支與原來八字之生剋制化等現象之結果，代入此地支之圖表，以看出四個地支各自力氣之浮(提升)沉(降低)，便可得出八字中四個地支之波動圖了。

歲(流年)與運(大運)之間，以運為君，歲為臣，君可制臣，臣不可制君。故大運倘行至吉鄉，流年卻與之相悖，不為大害；但大運倘行至凶禍之鄉，流年便縱主吉，仍恐樂極生悲，終必主發禍。而批流年時，必須首先將流年和大運的干支組合起來作比較分析沒有合沖刑現象，然後再加入命局，從流年和大運的干支，對原來命局「八字環境」的好壞影響，作出分析判斷。

而日干、乃至八字中各個干支之喜忌，並非固定不變，有命中為忌而逢歲運反忌為喜者，亦有命中為喜而逢歲運反喜為忌者。

第五式：十神十力、性格論命（看八字性情）

「日主」與其他各干支的五行生剋制化之五種基本型態。當中「異性相吸、陰陽有情」、「同性相斥、陰陽無情」。陰陽有情則易「樂在其中」，陰陽無情則易「情義兩忘」。

1. 「同我」：依賴型態

- 比肩：合作力（無情）
- 劫財：分享力（有情）

2. 「我生」：適應環境型態

- 食神：理性力（無情）
- 傷官：感性力（有情）

3. 「我剋」：支配型態

- 正財：照顧力（有情）
- 偏財：享受力（無情）

4. 「剋我」：刻苦型態

- 七殺：戰鬥力(無情)
- 正官：保守力(有情)

5. 「生我」：思想型態

- 偏印：屬靈力(無情)
- 正印：現實力(有情)

第六式：生剋制化、用神玄機

八字非「五行生剋制化」不立，什麼體用、用神、格局更非「五行生剋制化」不靈。這「五行生剋制化」並非三兩語就能夠闡釋清楚。但不管原局五行生剋制化如何複雜，總離不開以下大原則：

強者洩之(五行生克制化之一)
母旺子衰(五行生克制化之二)
子旺母衰(五行生克制化之三)
相剋相成(五行生克制化之四)
五行反剋(五行生克制化之五)
弱者遇強者(五行生克制化之六)
專旺／從旺(五行極端之一)
從弱(五行極端之二)
流通(五行流通)

第七式：陰陽五行、體質屬性(看八字健康)

透過八字的陰陽、五行，掌握體質屬性，以瞭解自己身體最脆弱部分，這是八字看健康之第一關鍵。

一、陰陽平衡：

依據八字的陰陽原理，能看出人生病的三組對立生理特性：虛實、寒熱、燥濕。「濕、寒、虛」屬陰，「燥、熱、實」屬陽。一切身心疾病的發生，都是因為陰陽失去平衡，太過或不及的變態所致，稱為「陰陽失調」。

八字過濕者體質濕，身體較易浮腫；脾胃虛弱，運化失常，水濕內停，容易出現食欲不振、泄瀉、腹脹、小便少、面目四肢浮腫等情況。

八字過燥者體質燥，身體顯得乾枯、多皺紋；燥屬肺之故，咽乾舌燥。

八字過熱者體質熱，臉部顏色會很明顯偏於紅、黃色；經常口渴慾進飲，或冬季口渴也喜冷飲、面紅潮熱、煩燥、小便短赤、舌苔黃糙等情況。反之，**八字過寒者體質寒**，臉部顏色會很明顯偏於黑、白色；不易口渴、或假渴而不慾進飲、或夏裡口渴也喜飲熱湯、手足厥冷、小便清長、大便溏瀉、舌苔白滑等情況。

八字日主強旺者一般體質實，較多感覺精神爽利，精力充沛；人體機能亢奮、體格健壯、抵抗力強、無汗或汗出後身體仍熾熱、及較易大便秘結者。反之，**八字日主身衰弱者體質虛**，較多感覺精神不振，精力不足；人體機能衰弱、抵抗力不足、盜汗、及較易腹瀉。

二、 體質屬性：

在一個人的八字命格中，日主代表著自己。日主的五行屬性，同時也是自己的「體質屬性」。掌握調養自己的體質屬性是健康首要原則：

木行體質者，最要保肝護膽，平心靜氣；易患內分泌系統疾病。養生要點：少生氣，不熬夜。

火行體質者，最要通脈養血，益氣安神；易患心腦血管系統疾病。養生要點：多運動，常歡笑。

土行體質者，最要健脾和胃，調暢氣機；最易患消化系統疾病。養生要點：注意飲食，保證睡眠。

金行體質者，最要調理肺氣，潤腸排毒；易患呼吸系統疾病。養生要點：防感冒，通大便。

水行體質者，養腎固元，通利小便；最易患泌尿系統疾病。養生要點：護脊柱，不憋尿。

三、　五行生剋，八字看病

相生、相剋追求平衡：

依據八字的五行相生、相剋原理，能看出人生病屬於甚麼臟腑。相生、相剋追求平衡。如果發現八字某種五行出現「過亢狀態（相乘）」，大運流年若能讓該五行恢復平和則身體無恙；而日常維持身體健康的調理目標亦是放在讓該五行恢復平和。如果發現八字某種五行處於「衰弱狀態（反侮）」，大運流年若能讓該五行能量上升到正常值則身體無恙；而日常維持身體健康的調理目標亦是放在設法激化讓該五行能量，使其上升到正常值。

相生關係：

金生水：肺金清肅下行助於腎水（通過肺氣的通調可以使水分正常的排泄和吸收）。

水生木：腎水之精氣養於肝木（腎的功能正常，精氣就充足，陰陽就會平衡，肝木就會不亢不燥）。

木生火：肝木藏血營濟心火(肝臟血液充足能幫助心臟，加強人體內臟的血液及補充其不足)。

火生土：心火陽氣温於脾土(心臟的功能使血液循環良好時，人體保持良好的能量供應，能使脾健胃和)。

土生金：脾土化生水谷精微以充實肺金(脾土消化後所產生的精微，首先被肺金所利用，讓肺金的氣化功能增強，而後輸送到全身)。

相剋關係：

木剋土：肝木之條達能疏洩脾土，即木剋土。

土剋水：脾土之運化能控制腎水之泛濫。

水剋火：腎水之滋潤能平和心火狂燥。

金剋木：肺金之氣清肅下降能抑制肝膽上亢。

火剋金：心火之陽熱能制約肺金清肅太過。

相乘、反侮易造成疾病發生

相乘現象：在五行互動中，某五行盛極而太過之勢，產生強者趁虛欺壓弱者，導致身體機能不平衡、不穩定的狀態。正常的相剋關係原本存在著一定的強弱平衡值，但若強者過強，比如木氣過於亢盛，造成土過虛而木過亢，人體就會引發脾胃之病，治療關鍵要以「抑木扶土」之法。

反侮現象：在五行互動中，某五行原有的順剋秩序被破懷，應該被剋制的五行反制原本的剋主，這會使人體身心臟腑的協調性遭到更為嚴重的破壞。比如木氣過亢而反侮了原來用來剋制木性的金，金氣因此相對顯得虛弱，這就會出現金虛木侮之病，此狀態必須使用補金疏木之法來調理。

八字某種五行出現相乘、反侮狀態：

1. **肝、膽方面**：強金伐木、土重木折、水多木漂、火炎木焚、木重無泄。

2. **心、小腸方面**：水多火熄、土多火晦、金多火衰、木多火塞、火多無泄。

3. **脾、胃方面**：木重土陷、水多土流、金多土虛、火多土焦、土旺無泄。

4. **肺、大腸方面**：強火熔金、木堅金缺、土多金埋、水多金沉、金旺無泄。

5. **腎、膀胱方面**：土多水塞、金多水濁、火多水沸、木盛水縮、水旺無泄。

第八式：合沖剋刑、突變神機（看八字成敗）

1. 天干合化是假訣，唯看「從」、「不從」

如果任何一個五行有足夠的獨立能力，根本就不會放棄自己的五行屬性而順「從」別的五行。這是五行命理之「從弱」原則：「衰之極者不可益，弱極則從其他旺勢，相得益彰。」故所謂天干合化，無非只是從不從而已，勿庸再論。

2. 會合的吉凶原則

- 合即是聚合的意思，是指力量的連結一起，形象上一般代表合作，有事業上的合作、有男女之間的結合，也代表着融洽及和解。
- 會合後能從可作「從」論，相合後不能從可作「羈絆」論。
- 「合去喜神」為凶為災，好事變壞事；而「合去忌神」則為喜為福，壞事變好事。如甲日主身旺，以辛金為官而干透丙火，合去喜神辛官，則此合為忌。

- 會合後所得出的喜忌，是決定於命局中的需要，不能一概而論。該合而合者，才可以吉論；不當合而合者，不可以吉論。

3. 沖的吉凶原則

- 沖是指力量被沖散的意思，代表心內矛盾對立爭戰。內容可包括一切事，例如：事業上的、男女之間感情事的、健康與疾病，…。有諸於內，形諸於外，故沖實在可直接帶動各種生命突變或變動。

- 喜用神與忌神相沖，要兼看強弱，方能決定吉凶。若能沖去忌神，是逢沖反成，主吉；命局中若是沖去喜用神，是沖之為忌，主凶。

- 會合有時可以解沖(寅申巳亥之沖)，有時反而助沖(子午卯酉之沖)，有時須看全局氣勢流通(辰戌丑未之沖)，不可以一概而論。

4. 刑的吉凶原則

- 刑是指心恆不安定的意思。三刑有兩種，即是寅巳申與丑未戌三刑。其餘是子卯相刑；辰辰、午午、酉酉、亥亥自刑。

- 三刑雖多主心不安定，然而一個命局的吉凶，仍須取決於十神性格、五行的生剋制化以及流通之理。

- 論命時要弄清楚地支相刑的性質，必須仔細推斷藏干的五行生剋制化對日主的影響。其中有根據藏干相剋相沖論刑、根據藏干相合論刑、根據藏干相生論刑、根據藏干相比論刑、…。

第九式：光明改命、假中求真

無單一方法，要觀察對象，根據對象種性來作決定。對象可分為五種性。

智慧型 – 告之光明即改運，因其僅暫時迷惑。鼓勵坐禪，萬法唯識。

知識型 – 不妨多説，互相切磋。有耐性地分析其命局五行機理，有如講學。使其不忽略五行（五術），卻又不迷信之。

不誠型 – 不必多説，免浪費時間。

迷信型 – 告之行善積福，是唯一改造命運之法。鼓勵多讀《了凡四訓》，除此以外，不用多説。

急症型 – 急救方，一線生機。盡量為其做某些事，或教其念《心經》、或教持咒，使其感覺已擁有光明法寶。

第十式：扭轉全局、時辰重要

時辰不同，八字就有天壤之別，故三柱論命不可盡信。運用「八字十式」，提升自己依據客觀事實推斷時辰之功夫，尤其重要。

附錄二：滴天髓口訣

附錄二：滴天髓口訣

[通天論]

天道： **欲識三元萬法宗，先觀地載與神功。**

天有陰陽，故春木夏火秋金冬水季月土，得時顯其神功，命中天地人元之理，悉本乎此。

地道： **坤元合德機咸通，五氣偏全定吉凶。**

地有剛柔，故五行生於東南西北中，與天合德而神其機咸之妙用，賦於人者有偏全之不一，故吉凶定於此。

人道： **戴天履地惟人貴，順則吉兮悖則凶。**

凡物莫不得五行，而戴天履地，惟人稱五行之全，故貴其有吉凶之不一者以其得於五行之順與悖也。

知命：　**要與人間開聾聵，順悖之機須理會。**

不知命者，如聾聵，知命者於順逆之機，而理會之，庶可開天下之聾聵，而有功當世也。

理氣：　**理乘氣行豈有常，進兮退兮宜抑揚。**

開闢往來皆是氣，而理行乎其間，行之始而進，進之極則為退之機，如三月之甲木是也，行之盛而退，退之極則為進之機，如九月之甲木是也，學者能抑揚其淺深，斯可以言命矣。

配合：　**配合干支仔細詳，斷人禍福與災祥。**

天干地支相為配合，要詳細推其進退之機，始可以斷人之禍福災祥。

天干： 五陽皆陽丙為最，五陰皆陰癸為至。

甲丙戊庚壬為陽，獨丙火秉陽之精，而為陽中之陽，乙丁己辛癸為陰，獨癸水秉陰之精而為陰中之陰。

五陽從氣不從勢，五陰從勢無情義。

五陽得陽之氣，即能成乎陽剛之事，不畏才煞之勢，五陰得陰之氣，即能成乎陰順之義，故木盛則從木，火盛則從火，金盛則從金，水盛則從水，土盛則從土，於情義之所在者，見其勢衰則忘之矣，蓋婦人之情如此，若得氣順正，亦未必從勢而忘義，雖從其性，亦必正者矣。

[天干論]

甲木：**甲木參天，脱胎要火，春不容金，秋不容土，火熾乘龍，水蕩騎虎，地潤天和，植立千古。**

純陽之木，參天雄壯，火者木之子也，旺木得火而愈敷榮，生於春則助火，而不能容金也，生於秋則助金，而不能容土也，寅午戌丙丁多見而坐辰，則能受之，申子辰壬癸多見而坐寅，則能納之，使土氣不乾，水氣不消則能長生矣。

乙木：**乙木雖柔，刲羊解牛，懷丁抱丙，跨鳳乘猴，虛濕之地，騎馬亦憂，藤蘿繫甲，可春可秋。**

乙木者，如生於春之桃李，夏之禾稼，秋之桐桂，冬之奇葩，坐丑未能制柔土，如刲宰羊解割牛，然只要有一丙丁，則雖生申酉之月亦不畏之，生於子月而又庚辛壬癸透者，則雖坐午亦難發生，故知申酉丑未月為美，甲與寅名見，如弟從兄之義譬之藤蘿附喬木何畏砍伐哉。

丙火： **丙火猛烈，欺霜侮雪，能鍛庚金，逢辛反怯，土眾生慈，水猖顯節，虎馬犬鄉，甲來成滅。**

火陽精也，丙火爍陽之至，故猛烈不畏秋而欺霜，不畏冬而侮雪，庚金雖頑，力能鍛之，辛金本柔，合而反弱，土其子也，見戊己多而成慈愛之德，水其君也，遇壬癸旺而顯忠節之風，至於未遂炎上之性，而遇寅午戌一二位者，露甲木則燥而焚滅也。

丁火： **丁火柔中，內性昭融，抱乙而孝，合壬而忠，旺而不烈，衰而不窮，如有嫡母，可秋可冬。**

丁屬陰火，性雖陽柔而得其中矣，外柔順而內文明，內性豈不昭融乎，乙丁之嫡母也，乙畏辛而丁抱之，不若丙抱甲而反能焚甲木也，不若己抱丁而反能晦丁火也，其孝異乎人矣，壬丁之正君也，壬畏戊而丁合之，外則撫恤戊土，能使戊土不欺乎壬也，內則暗化木，神能使戊土不敢抗乎壬也，其忠異乎人矣，生於夏令雖逢丙火，特讓之而不助其焰，不至於烈矣，生於秋冬，得一甲和則倚之不波而焰至於無窮也，故曰可秋可冬，皆柔之道也。

戊土：　**戊土固重，既中且正，靜翕動闢，萬物司命，水潤物生，火燥物病，若在艮坤，怕沖宜靜。**

戊土乃城牆隄岸之謂也，較己土特高厚剛燥，乃己土之發源地也，得乎中氣而且正大矣，春夏則氣闢而生萬物，故為萬物之司命也，其氣屬陽，喜潤不喜燥，坐寅怕申，坐申怕寅，蓋沖則根動，非地道之正也，故宜靜。

己土： **己土卑濕，中正蓄藏，不愁木盛，不畏水旺，火少火晦，金多金明，若要物昌，宜助宜幫。**

己土卑薄軟濕，乃戊土枝葉之地，亦主中正而能蓄藏萬物。柔土能生木，非木所能克，故不愁木盛；土深而能納水，非水所能盪，故不畏水狂。無根之火，不能生濕土，故火少而火反晦；濕土能潤金氣，故金多而金光彩，反清瑩可觀。此其無為而有為之妙用。若要萬物充盛長旺，惟土勢深固，又得火氣暖和方可。

庚金： **庚金帶煞，剛健為最，得水而清，得火而銳，土潤則生，土乾則脆，能贏甲兄，輸於乙妹。**

庚金乃天上之太白，帶煞而剛健，健而得水，則氣流而清，剛而得火，則氣純而銳，有水之土，能全其生，有火之土，能使其脆，甲木雖強，力足伐之，乙木雖柔，合而反弱矣。

辛金：　**辛金軟弱，溫潤而清，畏土之多，樂水之盈，能扶社稷，能救生靈，熱則喜母，寒則喜丁。**

辛乃陰金，乃珠玉之謂也，凡溫軟清潤者，皆辛金也，戊土多而能埋，故畏之，壬水多而必秀，故樂之，辛丙之臣也，合丙化水，使丙火臣服壬水，而扶社稷，辛甲之君也合丙化水，使丙火不焚甲木，而救生靈，生於夏而得己土，則能晦火而存之，生於冬而得丁火，則能敵寒而養之，故辛金生於冬月，會見丙火，則男命不貴，雖貴亦不忠，女命剋夫，不剋亦不和，見丁火，則男女皆貴且順。

王水：　王水通河，能洩金氣，剛中之德，週流不滯，通根透癸，沖天奔地，化則有情，從則相濟。

壬水則癸水之源，發於崑崙，癸水即壬水之歸宿，扶桑之水，有分有合，運行不息，所以為百川也，亦為雨露也，是不可歧而二之，申為天關，乃天河之口，水生此，能發西方金氣，週流之性，漸進不漸，剛中之德猶然也，若申子辰全，而又透癸，其勢沖奔不可遏也，如東海發端於天河，每成水患，命中遇之，若其用財官者，其禍福當何如哉，合丁化木，又生丁火，可謂有情能制丙火，不奪丁火之愛故為夫義而君仁，生於九夏，則巳午未中火土之氣，得壬水薫蒸而成雨露，故雖從火而未嘗不濟也。

癸水： **癸水至弱，達於天津，得龍而潤，功化斯神，不愁火土，不論庚辛，合戊見火，化象斯真。**

癸水，乃陰之純而至弱，故扶桑有弱水，至達於天津，得龍而成雲雨，乃能潤澤萬物，功化斯神，凡柱中有甲乙寅卯，皆能運水氣，生木製火，潤土養金，為貴格，火土雖多不畏，至於庚辛，則不賴其生，亦不忌其多，惟合成土化火，何也，戊生於寅，癸生於卯，卯屬東方，故能生如火，此一說也，不知地不滿東南，戊土之極處，乃癸水之盡處，乃太陽起方也，故化火，凡戊癸得丙丁透者，不論衰旺秋冬，皆能化火最為真也。

[地支論]

陽干： **陽干動且強，速達顯災祥。**

干為陽、支為陰也。

干主天，顯露於外，故動而有為；干之性質單純，故顯之於用，天干之為吉為凶，顯而易見。

陰支：　陰支靜且專，否泰每經年。

支主地，藏納於下；支之性質複雜，若吉神暗藏，或凶物深藏，一時不是禍福。非歲運引動，休咎不顯；經年者，言歲運相催也。

戰局：　天戰猶自可，地戰急如火。

干頭遇甲乙庚辛，謂之天戰，而得地順靜者無害，地支寅申卯酉，謂之地戰則干不能為力，其勢速凶，蓋天主動，地主靜故也，若或甲寅乙卯庚申辛酉皆見，謂之天地交戰，必凶無疑，遇歲合之會之，視其勝負，亦有可存可發者，其有兩沖者，只得一個合神有力，或會神庫神貴神，以收其動氣，息其爭氣，亦為佳美，至於喜神伏藏死絕者，又要沖動，引用生發之機也。

合局： 合有宜不宜，合多不為奇。

喜神有能合而助之者，以庚為喜神，得乙合而助金，凶神，有能合而去之者，以甲為凶神，得己合而去木，動局有能合而靜者，如子午相沖，得丑未合而靜，生局有能合而成者，如甲生於亥，得寅合而成，皆是也，如助其凶神之合，如己為凶神，甲合之，則為羈絆，喜神之合，如乙是喜神，庚合之，則羈絆掩蔽，動局之合，丑未喜神子午合之，則閑生局之合，不喜甲木，寅亥合之，則助，皆不宜也，大約多合則不流通，不奮發，雖有秀氣亦不為奇矣。

宜忌： 生方怕動庫宜開，敗地逢沖仔細推。

寅申巳亥，生方也，忌沖動，辰戌丑未，四庫也，宜沖則開，子午卯酉，四敗也，有逢合而喜沖者，不若生地之必不可沖也，有逢沖而喜合者，不若庫地之必不可閉也，仔細詳之。

沖剋：**支神只以沖為重，刑與穿兮動不動。**

沖者，必是相剋也，及四庫如兄弟之沖，所以必動，至於刑穿之間，又有相生相合者存，所以有動不動之異，故為輕也。

暗沖：**暗沖暗合尤為喜，彼沖我沖皆沖起。**

如柱中所無所缺之局，取多者，暗沖暗合，沖起暗神而來會合，暗神比明沖明會尤佳，如子來沖午，寅與戌會合者，是日干為我，提綱為彼，提綱為我，年時為彼，四柱為我，歲月為彼，彼寅我申是彼沖我，我子彼午，是我沖彼，皆為沖起。

沖旺：**旺者沖衰衰者拔，衰神沖旺旺者發。**

如子旺午衰，子沖午則午拔不能立，子衰午旺，子沖午則午發而為福，餘皆倣此。

[干支總論]

順逆：陽順陰逆，其理固殊，陽生陰死，其論勿執。

陽生陰死，陽順陰逆，此理出於洛書，流行之用，固信有之，然甲木死於午，午為洩氣之地，理固然也，而乙木死於亥，亥中有壬水，乃其嫡母，何為死哉？凡此皆詳其干支輕重之機，母子相依之勢，陰陽消息之理，而論吉凶可也，若專執生死一說推斷則有誤矣。

覆載：天全一氣，不可使地道莫之載。地全三物，不可使天道莫之覆。

四甲四乙，而遇寅申卯酉相沖，為地不載。

寅卯辰，亥卯未，而遇甲乙庚辛相剋，則天不覆。故不論全一氣與三物者，皆要天覆地載不論有根無根，皆要循其氣序，干支不反悖為妙。

陽位：　陽乘陽位陽者昌，最要行程安頓。

六陽之位，獨子寅為陽方，為陽位之純，五陽居之旺矣，最要行運陰順安頓之地。

陰位：　陰乘陰位陰氣盛，還須道路光亨。

六陰之位，獨未酉亥為陰方，乃陰位之純，五陰居之旺矣，最要行陽順光亨之運。

天衰：　地生天者，天衰怕衝。

如戊寅壬申丙寅己酉皆長生日主，如主衰逢沖，則根拔而禍尤甚矣。

地旺：　天合地者，地旺宜靜。

如丁亥、戊子、甲午、己亥、辛巳、壬午、癸巳之類，皆支中人元，與天干相合者，此乃坐下財官之地，若旺則宜靜不宜動。

相生：　**甲申戊寅，是為殺印相生。癸丑庚寅，亦是殺印兩旺。**

兩神者，殺印也，庚見寅中火土，卻多甲木，又以財論，癸見丑中土金，卻多癸水，則幫身，不如甲見申中壬水庚金，戊見寅中甲木丙火之為真也。

上下：　**上下貴乎有情。**

天干地支，雖非相生都要有情而不反悖。

左右：　**左右貴乎同志。**

上下左右，雖不全一氣三物，卻須生化不錯。

始終：　**始其所始，終其所終，福壽富貴，永乎無窮。**

年月為始，日時不反悖之，日時為終，年月不妒害之，凡局中所喜之神，引干時支有所歸著，為始終得所，則富貴福壽，可以永乎無窮矣。

[形象論]

兩氣： 兩氣合而成象，象不可破也。

天干屬木，地支屬火，天干屬火，地支屬木，其象屬一，若見金水則破，餘仿此。

五氣： 五氣聚而成形，形不可害也。

木必得水而生，火以行之，土以培之，金以成之，是以成形於要緊之地，或過或缺則為害，餘仿此。

獨象： 獨象喜行化地，而化神要昌。

一者為獨，曲直炎上之類是也，所生者為化神，化神昌旺其喜氣流行，然後行財官之地方可。

全象： 全象喜行財地，而財神要旺。

三者為全，有傷官而又有財是也，主旺喜財旺，而不行官煞之地方可。

損補： **形全者宜損其有餘，形缺者宜補其不足。**

如甲木生於寅卯辰月，丙火生於巳午未月，皆為形全。
戊土生於寅卯辰月，庚金生於巳午未月，皆為形缺，餘仿此。

[方局論]

莫混： **方是方兮局是局，方要得方莫混局。**

寅卯辰，東方也，搭一支亥卯未，則為太過，豈不為混局哉。

混局： **局混方兮有純疵，行運喜南還喜北。**

亥卯未木局，混一寅卯辰則木強，運行南北雖有純疵俱利。

齊來： **若然方局一齊來，須是干頭無反覆。**

木局木方全者，須天干全順，得序行運不悖尤妙。

生庫：成方干透一元神，生地庫地皆非福。

如寅卯辰全者日主甲乙木，則透元神而又遇亥之生，未之庫，決不發福，惟有純一火運略好。

透官：成局干透一官星，左邊右邊空碌碌。

甲乙日，遇亥卯未全者，庚辛乃木之官也，又見左辰右寅，則名利無成，詳例自見甲乙日單遇庚辛，亦無成矣。

[格局論]

八格： 財官印綬分偏正，兼論食神八格定。

自形象氣局之外而格局之最真者，月支之神透天干也，以散亂之天干而尋其得所附於提綱者，非格也，自八格之外，若曲直五格之類，亦皆為格，而方局氣象定之者，又不可言格也，五格之外，飛天與合祿雖為格，而可以彼理移論，亦不可以言格也。

雜氣： 影響遙繫既為虛，雜氣財官不可拘。

飛天合祿之類，即為影響遙繫，而非格矣，如四季月生人，具當取土為格，不可言雜氣才官，戊己日生於四季，當看人元透於天干者取格，不可以一概雜氣論之，至於建祿，同支羊刃，亦當看月令中人元透於天干者取格，若不合氣象形局則又無格局矣，只取用神，用神又無所取，只得看其大勢，以皮面上斷其窮通，不可執格論也。

官煞： 官煞相混來問我，有可有不可。

煞即官也，同流同止可混也，官非殺也，各立門牆不可混也，煞重矣，官從之，非混也，官輕矣，煞助之，非混也，敗財比肩雙至者，煞可使官混也，一煞而遇食傷者，官助之非混煞也，勢在於官，官有根而煞之情依乎官矣，依官之煞，歲助之而混官，不可也，勢在於煞，煞有根官之勢依乎煞矣，依煞之官歲助之而混煞，不可也，藏官露煞，干神助煞，合官留煞，皆成煞氣，不可使官混也，藏煞露官，干神助官合煞留官，皆從官象，不可使煞混也。

傷官：　傷官見官果難辨，可見不可見。

身弱而傷官旺者，見印而可見官，身旺而傷官輕者，見財而可見官，傷官旺而財神輕，有比劫而可見官，日主旺而傷官輕，無印綬兩可見官，傷官旺而無財，一遇官而有禍，傷官旺而身弱，一遇官而有禍，傷官弱而見印，一見官而有禍，大約傷官有財，皆可見官，傷官無財，皆不可見官，又要看身強身弱，合財官印綬比肩不同方，可不必分金木水火土也，又曰傷官用印無財，不宜見財，傷官用官無印，不宜見印，須仔細詳之。

[從化論]

從象：　從得真者只論從，從神又有吉和凶。

日主孤弱無氣，天地人元絕無一毫生扶之力，才官強甚，乃為真從也，當論所從之神，如從才即以才為主，才神是木又要看意向，或要火要土要金而行運得所者必吉，否則凶，餘皆仿此。

化象：化得真者只論化，化神還有幾般話。

如甲日主，生於四季，單透一位己土在月時上合之，不遇壬癸甲乙戊己，而有辰字乃為化得真，又如丙辛生於冬月，戊癸生於夏月，乙庚生於秋月，丁壬生於春月，獨自相合，又得龍以運之，此皆真化矣，又論化神，如甲己土，土陰寒，要火土昌旺，土太旺，要用水為財，木為官，金為食傷，隨其所向，論其喜忌，再見甲乙，亦不可以爭合妒合論，蓋化真矣，如烈女不更二夫，歲運遇之，皆閑神也。

假象：真從之家有幾人，假從亦可發其身。

日主弱矣，才官強矣，不能不從，中有所助，及暗生者，從之不真，至於行運才官得地，雖是假從，亦可助富貴，但其人不能免禍，或者心地不端耳。

假化： **假化之人亦多貴，異姓孤兒能出類。**

日主孤弱，而遇合神真，不能不化，但暗扶日主，合神又虛弱，又無龍以運之，不為真化，至游歲運扶起合神，制伏助神，雖為假化，亦可取用，雖是異姓孤兒，亦可出類拔萃，但其人多執滯偏拗，作事屯覃，骨肉欠遂。

[歲運論]

歲運： **休咎係乎運，亦係乎歲，戰沖視其孰降，和好視其孰切。**

日主譬如吾身，局中之神，譬之舟馬引從之人物也，大運譬之所蒞之地，故重地支未嘗無天干，太歲譬之所遇之人，故重天干未嘗無地支，必先明其日主，而後配合七字，推其輕重，看喜行何運，忌行何運，如甲日，以氣機看春，以人心看仁，以物理看木，大約看氣機而物在其中，遇庚辛申酉字，即看春而行之於秋，斷伐其生生之機，又看喜與不喜，而運行生甲伐甲之地，可斷其休咎矣，太歲主休咎，即顯於是，更詳論歲運戰沖和好之勢，而得勝負適從之機，則休咎了然在目矣。

戰： **何謂戰？**

如丙運庚年，謂之運伐歲（剋），日主喜庚，要丙降，得戊壬（洩剋）者吉（以剋洩忌神之物為吉）。如日主喜丙，而歲運不肯降，得戊己，以和為妙（太歲為專神，故以和解為上）。如庚坐寅年，丙之力大，則歲亦不得不降（勢大則太歲無權），降之可保無禍。如庚運丙年，謂之歲伐（剋）運，日主喜庚，得戊己以和為吉（通關）。如日主喜丙，則運不降歲，又不可用戊己洩丙助庚（運管十年，與命較親）。若庚坐寅午，丙之力量大，運自不得不降，亦保無患則吉矣。

衝：　何為衝？

如子運午年，謂之運衝歲，日主喜子，則要助子，又得年干，乃制午之神更妙，或午之黨多，干頭遇丙戊甲者必凶。如午運子年，謂之歲沖運，日主喜午，而子壬之黨多，干頭又助子，必凶。日主喜子而沖午，午之黨多，干頭助子者必吉，若午重子輕，則歲不降，亦無咎也。日干喜子，而午之黨少，干頭亦不助午，必吉。若午重子輕，則歲不降，亦無咎（其勢已成，歲力不能為禍）。

和：　何謂和？

如乙運庚年，庚運乙年，則和（乙庚化金），日主喜金則吉，喜木則不吉。如子運丑年，丑運子年則和（子丑合化土），日主喜土則吉，喜水則不吉。

好：　何謂好？

如庚運辛年，辛運庚年，申運酉年，酉運申年，則好，日主喜陽，則庚與申為好，喜陰則辛與酉為好，凡此例推。

[體用論]

體用：　道有體用，不可以一端論也，要在扶之益之，得其相宜。

有以日主為體，提綱為用。日主旺，則提綱之食神財官皆為我用：日主弱，則提綱有物，幫身以制其神者，亦皆為我用。提綱為體，喜神為用者，日主不能用乎提綱矣。提綱食傷財官太旺，則取年月時上印比為喜神；提綱印比太旺，則取年月時上食傷財官為喜神而用之。此二者，乃體用之正法也。有以四柱為體，有以化神為體，四柱為用，化之真者，即以化神為體，以四柱中與化神相生相剋者，取以為用。有以四柱為體，歲運為用，有以喜神為體，輔喜神之神為用，所喜之神，不能自用以為體用輔喜之神。有以格象為體，日主為用者，須八格氣象，及暗神，化神，忌神，客神，皆成一體段。

若是一面格象，與日主無干者，或傷克日主太過，或幫扶日主太過，中間要尋體用分辨處，又無形跡，只得用日主自去引生喜神，別求一個活路為用矣。有以日主為用，有用過於體者。如用食財，而財官食神盡行隱伏，及太髮露浮泛者，雖美亦過度矣。有用立而體行者，有體立而用行者，正體用之理也。如用神不行於流行之地，且又行助體之運財不妙。有體用各立者，體用皆旺，不分勝負，行運又無輕重上下，則各立。有體用俱滯者，如木火俱旺，不遇金土則俱滯，不可一端定也。然體用之用，與用神之用有分別，若以體用之用為用神固不可，舍此以別求用神又不可，只要斟酌體用真了。於此取緊要為用神，而二三四五處用神者，的非妙造，須抑揚其重輕，毋使有餘不足。

[精神論]

精神：人有精神，不可以一偏求，要在損之益之得其中。

精氣神氣皆元氣也，大率五行以金水為精氣，木火為神氣，而土所以實之也，有神足不見其精而精自足者，有精足不見其神而神自足者，有精缺神索而日主又孤弱者，有神不足而精有餘者，有精神俱缺而氣旺者，有精神俱旺而氣衰者，有精缺而神助之者，有神缺而得精以生之者，有精助精而精反洩無氣者，有神助神而神反斃無氣者，二者皆由氣以主之也，凡此皆不可偏求也，俱要損益其進退，不可使有過不足也。

[衰旺論]

衰旺：**能知衰旺之真機，其於三命之奧，思過半矣。**

旺則宜洩宜傷，衰則喜幫喜助，子平之理也，然旺中有衰者，存不可損也，衰中有旺者，存不可益也，旺之極者不可損，以損在其中矣，衰之極者不可益，以益在其中矣，至於實所當損者而損之反凶，弱所當益者而益之反害，如此真機皆能知之，又何難於詳察三命之微奧焉。

[中和論]

中和：**既識中和之正理，而於五行之妙，有能全焉。**

中而且和，子平要法也，有病方為貴，無傷不是奇，舉傷而言之也，至格中如去病才祿兩相宜，則又中和矣，到底要中和為至貴，若當令氣數，或身弱才宮旺而取富貴者，不必中和也，用神強而取富貴者，不必中和也，偏氣古怪而取富貴者，不必中和也，何則以天下之才官止有此數者，而天下人才為最多者，尚於邪巧也。

[剛柔論]

剛柔：　剛柔不一也，不可制者，引其性情而已矣。

剛柔相濟，不必言也，太剛者，濟之以柔，而不得其情，則反助其剛矣，譬之武士而得士卒，則成殺伐，如庚金生於七月，遇丁火而激其威，遇乙木而助其暴，遇己土而成其志，遇癸水而益其銳，不如以柔之剛濟之可也，壬水是也，壬水有正性，而能引通庚金之情故也，若以剛之剛者激之，其禍曷勝言哉，太柔者濟之以剛而不馭其情，則反益其柔也，譬之弱婦而遇恩威則成淫賤，如乙木生於八月，遇甲丙壬而喜則輸情，遇戊庚盛而畏則失身，不如以剛之柔者濟之可也，丁火是也，蓋丁火有正情，則能引動乙木之情故也，若以柔之柔者合濟之，其弊又當何如哉，餘皆例推。

[順逆論]

順逆： **順逆不齊也，不可逆者，順其氣勢而已矣。**

剛柔之道，可順而不可逆也，崑崙之水可順而不可逆也，其勢已成，可順而不可逆也，權在一人可順而不可逆也，二人同心可順而不可逆也。

[寒暖論]

寒暖： **天道有寒暖，發育萬物，人道得之不可過也。**

陰支為寒，陽支為煖，西北為寒，東南為煖，金水為寒，木火為煖，得氣之寒遇煖而發，得氣之煖逢寒則成，寒之甚，煖之至，內非一二成象，必無好處，若五陽逢子月，則一陽後萬物懷胎，陽乘陽位，可東可西，五陰逢五月，則一陰後萬物收藏，陰乘陰位，可南可北。

濕燥：　地道有濕燥，生成品彙，人道得之不可偏也。

過於濕者，滯而無成，過於燥者，烈而有禍，水有金生遇寒土而愈濕，火有木生遇暖土而愈燥，皆偏也，如水火成其燥者吉，木火傷官要濕也，土水而成其濕者吉，金水傷官要燥也，間有土水宜燥者，用土而後用火，金脆宜濕者，用金而後用水。

[月令論]

月令：　月令提綱之府，譬之宅也，人元用事之神，宅之定向也，不可以不卜。

令星乃三命之至要，氣象得令者吉，喜神得令者吉，令其可忽乎，月令如人之家宅支中之三元，乃定宅中之向道，又不可以不卜，如寅月生人，立春後七日戊土用事，八日後十四日前者，丙火用事，十五日後，甲木用事，知此可以取用，亦可以取格矣。

[生時論]

生時：**生時歸宿之地，譬之基也，人元用事之神，墓之穴方也，不可以不辨。**

子時生人，前三刻三分壬水用事，後三刻七分癸水用事，其寅月生人，戊土用事何如，丙火用事何如，甲本用事何如，局中所用之神與壬水用事者何如，窮其淺深如墓墳之定方道，斯可以斷人之禍福矣，至於同年月日時，而人各不同其應者，當究其時之先後，又論山川之異，世德知殊，十有九驗，其有不然者，不過此則有官，彼則子多，此則財多，彼則妻美，乃小異耳，夫山川之異，不惟東西南北迥乎不同者宜辨之，即一邑之家，而風聲氣習不能一律也，世德之殊不惟富貴貧賤絕乎不侔者宜辨之，即同門共戶而善惡邪正不能盡齊也，學者可以知其興替矣。

[源流論]

源流：　何處起根源，流到何方住，機括此中求，知來亦知去。

不必論當令不當令，具論取最多最旺者，而可以為歸局之宗祖者，即為源頭也，看此源頭流到何方，流去之處，是所喜之神，即在此住了，乃為歸路。如：辛酉、癸巳、戊申、丁巳，以火為源頭，至金水之方，即流住了，所以富貴為最，若再流至木地，則氣洩為亂，如未曾流至去方，中間即為阻節，看其阻住之神何神，以斷其休咎，流住之地何地，以知其地位。如：癸丑、壬戌、癸丑、壬子，以土為源頭止水方只生得一介身子，而戌中火土之氣，得從而引氣，所以為僧也。

[通關論]

通關：兩意本相通，中間有關隔，此關若通也，到處歡相得。

陰陽之氣，欲相合相生也，木土而得火，火金而得土，土水而得金，金木而得水，皆是牛郎織女之有情也，若中間上下懸隔，為物所間，前後遠絕，或被刑沖，或被劫佔，或隔一物，皆為關也，如得引用會合之神，及刑沖所間之物，前後上下援引得來，能勝劫佔之神，能補所缺之物，則明見暗合，歲運相逢，乃為通關也，關通而願遂矣，豈不歡相得哉？

[清濁論]

清氣：一清到底有精神，管取生平富貴真，澄濁求清清得去，時來寒谷也回春。

清者，非從一氣成局之謂也，如正官之格，身旺有財，身弱有印，並無傷官七煞混之，縱有比肩食神印綬才煞雜之，皆循序得所有安頓，或作閑神不來破局，乃為清奇，又要有精神不枯弱者佳，濁者非五行並出之謂也，如正官之格，身弱混以煞以財以食神，不能傷我之官反與官星不和，印綬雜之，不能扶我之身，反與才星相伐，俱為濁，或得一神有力，或行運得所，以掃其濁氣，沖其濁氣，皆為澄濁以求清，作富貴之命看矣。

濁氣：　滿盤濁氣令人苦，一局清枯也苦人，半濁半清猶是可，多成多敗度晨昏。

四柱中尋他清處不出，行運又不能去其濁氣，必是貧賤命，若清又要有精神方為妙，如枯弱無氣，行運又不能生旺地，亦清苦之人，濁氣又難去，清氣又不真，行運又不遇清氣，又不脱濁氣者，雖然成敗不一，不過悠忽了此生耳。

[真假論]

真假：　令上尋真聚得真，假神休要亂真神，真神得用平生貴，用假終為碌碌人。

如木火透者，生寅月聚得真，不要金水亂之，真神得用不為忌神所害，則貴，如參以金水猖狂，而用金水，是金水又不得令，徒與木火不和，乃為碌碌人矣。

參差：真假參差難辨論，不明不暗受迍邅，提綱不與真神照，暗處尋真也有真。

真神得令，假神得局而黨多，假神得令，真神得局而黨多，不見真假之跡，或真假皆得令得助，不能辨其勝負，而參差者，其人雖無大禍，一生迍否而少安樂，寅月生人，不透木火而透金為用神，是為提綱不照也，得己丑暗邀戊己轉生卯沖酉，乙庚暗化，氣轉西方，亦為有真，亦或發福，已上特舉真假一端言耳，其會局合神從化，用神衰旺，情勢象格，心跡才德邪正，緩急生死進退之例，莫不有其真假，宜詳辨之。

[隱顯論]

隱顯：　吉神太露，起爭奪之風，凶物深藏，成養虎之患。

局中所喜之神透於天干者，歲運不遇忌神，不至爭奪，所以暗用吉神為妙，局中所忌之神伏藏於地支者，歲連扶之沖之則為患不小，所以忌神須制化得所者為吉。

[眾寡論]

眾寡：　抑強扶弱者常理，用強捨弱者元機。

強寡而敵眾者，喜強而助強者吉，強眾而敵寡者，惡敵而敵眾者滯。

[奮鬱論]

奮鬱：　局中顯奮鬱之機者，神舒意暢，象內多沈埋之氣者，心鬱志灰。

陽明用事：　用神得力，天地交泰，神顯精通，必多奮發。

陰晦用事：　情多戀私，主弱臣強，神藏精洩，必多困鬱。

[恩怨論]

恩怨：**兩意情通中有媒，雖然遙立意追陪，有情卻被人離間，怨起恩中死不灰。**

喜神合神，兩情相通，又有人引用生化，如有媒矣，雖是隔遠分立，其情自相和好，故有恩而無怨，若合神喜神雖有情，而忌神離間求合不得，則終身為怨，至於可憎之神，遠之為妙，可愛之神，近之尤切，邂逅相逢，不勝其樂。

[閑神論]

閑神：**閑神一二未為疵，不去何妨莫動他，半局閑神任閑著，要緊之地立根基。**

喜神不必多也，一喜而十備矣，忌神不必多也，一忌而十害矣，自喜忌之外，不必以為喜，不足以為忌，皆閑神也，如以天干為用，成氣成合，而地支之神，虛脱元氣，沖合自適，升降無情，如以地支為用，成局成合，而天干之神，游散浮泛，不礙日主，主陽輔陽，而陰氣停泊，不沖不動，不合不助，主陰輔陰，而陽氣停泊，不沖不動，不合不助，日月有情，年時不顧，日時間斷，年月不顧，不害不沖，無情無合，雖有閑神只不去動他，但要緊之地，須自結營寨，至於運道，即行自家邊界，尤為要也。

[絆神論]

絆神：**出行要向天涯遊，何事裙釵恣意留；不管白雲與明月，任君策馬朝天闕。**

本欲奮發有為者也，而日主有合，不顧用神，用神有合不顧日主，不欲貴而遇貴，不欲祿而遇祿，不欲合而遇合，不欲生而遇生，皆有情而反無情，如裙釵之留，不能去也。

日主乘用神而馳驟，無私意牽制也，用神隨日主而馳驟，無私情羈絆也，足以成其大志，是無情而反有情也。

[順反論]

順局：　**一出門來要見兒，吾兒成氣搆門閭，從兒不論身強弱，只要吾兒又遇兒。**

此與從象成象傷官不同，只取我生者為兒，如木遇火成氣象，不論日主強弱，而又看火能生土氣，又成生育之勢，此為一氣流通、必然富貴矣。

反局：　**君賴臣生理最微，兒能生母洩天機，母慈滅子關頭異，夫健何為又怕妻。**

木君也土臣也，木浮水泛，土止水，則生木；木旺火熾，金伐木，則生火；火旺土焦，水剋火，則生土；土重金埋，木剋土，則生金；金旺水濁，火剋金，則生水，皆君賴臣也。

木為母，火為子，木被金傷，火剋金則生木；火遭水剋，土剋水則生火；土遇木傷，金剋木則生土；金逢火煉，水剋火則生金；水因土塞，木剋土則生水，皆兒能生母。

木母也，火子也，木旺謂之慈母，反使火熾而焚滅子火，土金水亦如之。水泛木浮，土止水則生木；木旺火晦，金伐木則生火；火炎土焦，水剋火則生土；土重埋金，木剋土則生金；金旺水濁，火剋金則生水。

木夫也土妻也，木雖旺，土生金而剋木，是謂夫健而怕妻；火土金水亦如之。其有水逢烈火而生土、火逢寒金而生水。

如水生金者，潤地之燥；火生木者，解木之凍；火焚木而水竭；土滲水而木枯，皆為反局，學者細推詳其元妙。

[震兑論]

震兑： **震兑主仁義之真機，勢不兩立，而有相成者存。**

震在內兑在外，月卯日亥或未，年丑或巳，時酉是也，主之所喜者在震，以兑為敵國用火攻，主之所喜者在兑，以震為奸宄，備禦之而已，不必盡去，兑在內震在外，月酉日丑或巳，年未或亥，時卯者是也，主之所喜者在兌，以震為游兵，易於滅而不可黨震也，主之所喜者在震，以兌為內寇，難於滅而不可助兌也，以水為說客相間之於上下，或酉年巳月卯日丑時，亥年申月庚日申時之類，亦論主之所喜所忌者何如，而論攻備之法，然金忌木，木帶火，木不傷土者，不必去木也，若木忌金而金強者，不可戰，惟秋金而木茂，木終不能為金之害，反以成金之仁，春木而金盛，金實足以制木之性，反以全木之義，其月提是木年日時皆金者，不必問主之所喜所忌，而亦宜順金之性，凡月提是金，年月時皆是木，不必問主之所喜所忌，而亦宜成金之性。

[坎離論]

坎離： 坎離宰天地之中氣，成不獨成，而有相成者在。

天干透壬癸，地支屬離，為既濟，要天氣下降，天干透丙丁，地支屬坎為未濟，要地氣上升，天干皆水，地支皆火為交姤，交姤身強則富貴，天干皆火地支皆水為交戰，交戰身弱豈能富貴，坎外離內謂之未濟，主之所喜者在離，要水，離內坎外謂之既濟，主之所喜者在坎，要火，水火相間於天干，以火為主而水盛者存，坎離相間於地支，喜坎而坎旺者昌，夫子午卯酉專氣也，其相制相持之勢，宜悉辨之，若四生四庫之神，皆所以黨助乎子午卯酉者，其理方可詳推矣。

[君臣論]

君象：　君不可亢也，貴乎損上以益下。

日主為君，才神為臣，如甲乙滿盤是木，內有一二土氣，是君盛臣衰，其勢要多，方能助臣，火生之，土實之，金衛之，庶幾上全而下安。

臣象：　臣不可過也，貴乎損下而益上。

日主為臣，官星為君，如甲乙滿盤是木，內有一二金氣，是臣盛君衰，其勢要多方能助金，用帶土之火以洩木氣，用帶水之土以生金，庶君安臣全，若木火又盛，無奈何常存君之子，少用水氣一路行火運，方得發福。

[母子論]

母象：　知慈母恤孤之道，始有瓜瓞無疆之慶。

日主為母，日主所生者為子，如甲乙日主，滿盤是木，內有一二火氣，是母旺子孤，其勢要多方生子孫，有瓜瓞綿綿之慶矣。

子象：　知孝子奉親之方，始成克諧大順之風。

日主為子，生日主者為母，如甲乙日，滿盤是木，中有一二水氣，為子眾母衰，其勢要多方能安母，用金以生水，土以生金，則生成子母之情為大順矣，設或無金，則水之神依乎木，而行木火盛地亦可。

[才德論]

才德： 德勝才者，局全君子之風，才勝德者，用顯多能之象。

清利平順，主輔得宜，所合者皆正人，所用者皆正氣，不必節外生枝，不必弄假成真，才官喜神皆足以了其平生不生貪戀之私，度量寬宏，施為必正，皆君子之風也，財薄而力量足以貪之，官卑而志雄，必欺求之，混濁破害，主弱輔強，爭合邪神，三四用神，皆心事奸貪，作事僥倖，為多能之象，大約陽在內，陰在外，不敬不沖者為德勝才，如丙寅戊辰月日丁卯癸卯年時，皆是，若陽外陰內，則畏勢趨利此為才勝德矣。

[性情論]

性情： **五行不戾，惟正清和，濁亂偏枯，性情乖逆。**

五氣在天，則為元亨利貞，誠在人則為仁義禮智信之性，惻隱羞惡辭讓是非誠實之情，五氣不乖張者，則其存之而為性，發之而為情，莫不清和矣，反此者乖戾。

性燥： **火烈而性燥者，遇金水之激。**

火烈而能順其性必明，順性矣，惟有金水激之，其燥急不可禦矣。

性柔： **水奔而性柔者，全金木之神。**

水盛而奔，其性至剛至急，惟有金以行之，木以納之，則自柔順矣。

軟怯： **木奔南而軟怯。**

木之性見火為慈，奔南則仁之性行於禮，其性軟怯，得其中者為惻隱辭讓，偏者為姑恤而繁縟矣。

流通：　金見水則流通。

金之性最方，正有斷制執毅，見水則義之性行於智，智則元神不滯，故流通，得氣之正者，是非不苟，有斟酌，有變化，得氣之偏者，必心泛濫為流蕩之人矣。

最拗：　最拗者西水還南。

西方之水發源最長，氣勢最旺，無土以制之，木以納之，浩蕩不順，反行南方則逆，豈非強拗而難制乎。

至剛：　至剛者東火轉北。

東方之火，其焰炎上，局中無土以收之，水以制之，其焚烈之勢而不能順，反行北方，則逆其性而愈剛暴矣。

抗勇：　順生之機，遇擊神而抗。

如木生火，火生土，一路順其情性次序，自相和平，遇擊而不得遂其順生之性，則抗而勇猛。

狂猛：　逆生之序，見閑神而狂。

木生亥，見戌酉申則氣逆，非性之所安，一遇閑神，若巳酉丑逆之，則必發狂而猛。

鬱煩：　陽明遇金，鬱而煩多。

寅午戌為陽明，而金氣伏於內，則成其鬱氣，必多煩悶者矣。

濕滯：　陰濁藏火，包而多滯。

酉丑亥為陰濁，有火氣藏內，則不發輝，而多濕滯。

格局： **陽刃局，戰則逞威，弱則怕事；傷官格，清則謙和，濁則剛猛。用神多者，情性不常；支格濁者，虎頭鼠尾。**

凡此皆性情之異，善惡之殊，不專以日主論，蓋凡局中莫不有性情，觀其性情，可知施為，觀其施為，可知吉凶，如木之性主慈，觀其日主何神，又詳木之衰旺，與所遇者何神，成何氣象，若木是官星而奔南，遇擊遇閑神，即斷其官之好歹，子之善惡，莫不了然。

[疾病論]

和： **五行和者，一世無災。**

五行和者，不特全而不缺，生而不剋，只是全者宜全，缺者宜缺，生者宜生，剋者宜剋，則和矣，一世無咎。

亂：　血氣亂者，平生多病。

血氣亂者，不特火勝水，水剋火之類，五氣反逆，上下不通，往來不順，謂之亂，故主多病。

病凶：　忌神入五臟而病凶。

柱中所忌之神，不制不化，不沖不散，隱伏深固，相剋五臟，則其病凶，忌木而入土則脾病，忌火而入金則肺病，忌土而入水則腎病，忌金而入木則肝病，忌水而入火則心病，又看虛實，如木入土，土旺者則脾有餘之病，發於四季月，土衰者則脾有不足之病，發於春冬月，餘皆倣此。

災小：　客神遊六經者災小。

客神比忌神為輕，不能埋沒，遊行六道，則必有災，如木遊土地，胃災，火遊金地，大腸災，土遊水地，膀胱災，金行木地，膽災，水行火地，小腸災。

血氣：　木不受水者血病，土不受火者氣傷。

水東流而木逢沖，或虛脫皆不受水也，必主血疾，蓋肝屬木而納血，不納則病，土逢沖而虛脫則不受火，必主氣病，蓋脾屬土而客氣不容則病矣。

金水傷官，寒則冷嗽，熱則痰嗽，火土印綬，熱則風痰，燥則皮癢，論痰多木火，生毒鬱火金，金水枯傷而腎經虛，水土相勝而脾胃洩。

凡此皆五行不和之病，詳其衰旺可斷其人吉凶，如屬木之病，又看木是日主何神，若木是才，而能發土病，則亦可斷其才之衰旺，妻之美惡，父之興衰，然不必顯驗，有病則應，設六親與事體又不相符者，殆以病而免其咎也。

[六親論]

夫妻：　夫妻姻緣宿世來，喜神有意傍天財。

妻與子一也，局中有喜神，一生富貴在於是，妻子在於是，大率依財看妻，如喜神即是財神，其妻美而且富貴，喜神與財神不相妒忌亦好，否則剋妻，亦或不美，或欠和，然看才神又有活法，如才神薄須用助才，才旺身弱又喜比劫，才神傷印者，要官星，才薄官多者要傷官，才氣未行，要沖者沖，洩者洩，才氣流通要合者合，庫者庫，若才神洩氣太重，比劫太露，及身旺無才者，必非夫婦全美也，至於才旺身強，必富貴而多妻妾，用者當審辨其輕重如何。

子女：子女根枝一世傳，喜神看與煞神聯。

大約依官看子，如喜神即是官星，其子賢俊，喜神與官星不相妨亦好，否則無子，或不肖，或有剋，然看官星，又須活法，如官輕要助官，煞重身輕，又須印比，無官只論才，若官星阻滯，要生扶沖發官星，洩氣大重，須合逢助，若煞重身輕而無子者，多女。

父母：父母或興與或替，歲月所關果非細。

子平之法，以才為父，以印為母，而斷其吉凶，十有九驗，然看歲月為緊，歲氣有益於月令者，及歲月不傷夫喜神者，父母必昌，歲月才氣斲喪於時支者，先剋父，歲月印綬斲喪於時支者先剋母，又須活看局中之大勢，不可專論才印者，中間隱隱露露，其興亡之機，不必在才印，看生才生印，與才生印生之神而損益舒配，並及陰陽多寡之論，無不驗矣。

兄弟：兄弟誰廢與誰興，提綱喜神問重輕。

敗才比肩羊刃皆兄弟也，要在提綱之神，與才神喜神較其輕重，才官弱，三者顯其攘奪之跡，兄弟亦強，才官旺，三者出而助主之功，兄弟必美，身與才官兩平，三者伏而不凶，兄弟必貴，此肩重而傷官才煞亦旺者，兄弟必富，身旺而三者不顯，有印，兄弟必多，身旺而三者又顯，無官，兄弟必衰。

[女命論]

女命：論夫論子要安詳，氣靜和平婦道彰，二德三奇虛好話，咸池驛馬漫推詳。

局中官星明順，夫貴而吉，理自然矣，若官星太旺，以傷官為夫，官星太微，以才為夫，比肩旺而無官，以傷官為夫，傷官旺而無才官，以印為夫，滿局官星欺日主者，喜印綬而官不剋主也，滿局印星傷洩官星之氣者，喜才星而身不剋夫也，大率與男命論貴論子之理相似，局中清顯，子貴而親不必言也，其傷官旺以印為子，傷官無氣以此肩為子也，印綬旺無傷官者以才為子也，才官旺而洩食傷氣者，以此肩為子也，不必專執官星論夫，專執食傷論子，但以安詳順靜為貴，二德三奇不必論，咸池驛馬雖有驗，總之於理不長，其中究論，不可不詳。

[小兒論]

小兒：**論才論殺論精神，四柱平和易養成，氣勢攸長無斲喪，關星雖有不傷身。**

才庫不黨，才生煞主旺，精神貫足，干支安頓和平，又要看氣勢，如在日主雄旺，氣勢在於才官，而才官不劫日主，氣勢在東南，而五七歲之前不行西北，氣勢在西北，而五七歲之前不行東南，行運不逢斲喪，此為氣勢攸長，雖有關煞不傷身。

[出身論]

科第：　**巍巍科第邁等倫，一個元機暗裏存。**

狀元格局，清奇迥異，若隱若露，奇而難決者，必有元機，須搜尋之，不可輕忽。

黃榜：　**清得盡時黃榜客，雖得濁氣亦中式。**

天下之命，未有不清而發科甲者，清得盡者，必非一二成象，雖五行盡出，而能於所生者化得有情，不混閑神忌客，決發科甲，即有一二濁氣，而清氣或成一個體段，亦可發達。

秀才：　**秀才不是塵凡子，清氣不嫌官不露。**

秀才之命，與異路人，富人，貧人，無甚異別，然終有一種清氣處，但官星不起，故無爵祿。

異路功名： **異路功名莫說輕，日干得氣遇才星。**

刀筆得成者，與不成者，自異，必是才星得個門戶，通得官星，有一種清旺之氣，所以出得身，其老於刀筆而不能出身者，終是才星與官不顯對也。

[地位論]

功勳： **臺閣功勳百世傳，天然清氣顯機權。**

欲知人之出身，至地位之大小，亦不易推，蓋為公為卿，必清中又有一種權勢出人矣，不專在一端而論。

兵權： **兵權憲府並蘭臺，刃煞神清氣勢恢。**

掌生殺之權，其風紀氣勢必起，清中精神必異，又或刃煞兩顯也。

財官：**分藩司牧財官和，格局清純神氣多。**

方面官，才官為重，必清奇純粹，格正局全，又有一段精神。

首領：**便是諸司並首領，也從清濁分形影。**

至貴者，得一以清，而位乎上，故膺一命之榮，莫不得清氣，所以雜職佐貳首領等官，豈無一段清氣，而與濁氣者自別，然清濁之形影最難辨，不專是才官印綬內有清濁，凡格局，氣象，用神，合神，日主化氣，從氣，精神，氣神，以及收藏，發生，意向，節度，情性，理勢，源流，主從之間，皆有之，先於皮面影上尋其形，得其形而遂可以尋其精髓，乃驗大小尊卑。

[貴賤貧富吉凶壽夭論]

富命： 何知其人富，財氣通門戶。

才旺身旺官星衛才，忌印而才能壞印，喜印而才能生官，傷官重而才神重，才神重而傷官有根，無才而暗成財局，才露而傷官亦露者，此皆才氣通門戶，所以富也，夫論才與論妻之法可相通也，然有妻賢而才薄者，亦有才富而妻傷者，看刑沖會合，但才神清而身旺者妻美，才濁而身旺者家富。

貴命： 何知其人貴，官星有理會。

官旺身旺而印衛官，忌劫而官能制劫，喜印而官能生印，才星旺而官星通達，官星旺而才神有氣，無官而暗生官局，官星藏而才神亦藏者，此皆官星有理會，所以貴也，論官與論子之法可相通也，然有子多而無官者，有顯身而無子者，亦看刑沖會合，但官星清而身旺者必主多子，至於得象得氣得局得格者，妻子富貴俱全。

貧命：　何知其人貧，才神反不真。

才神不真者，不但洩氣被劫也，傷輕才重，才輕官重，傷重印輕，才重劫輕，皆為才神不真也，若中有一位清氣，則不賤矣。

賤命：　何知其人賤，官星還不見。

官星不見，不但失令被傷，財輕官重，官輕印重，才重無官，官重無印，皆是官星不見，若中有一位濁氣，不貧亦賤，至於用神無力，忌神太過，敵不受降，助旺欺弱，主從失宜，及歲運不輔者，既貧且賤。

吉命：　何知其人吉，喜神為輔弼。

柱中所喜之神，左右始終皆得其力者必吉，然大勢平順內體堅厚，主從得宜，縱有一二忌神來攻擊日主，亦不為凶，譬之國內安和，不愁外寇。

凶命： 何知其人凶，忌神展轉攻。

才神與用神無力，不過無所發達而已，不帶刑凶，至於忌神大多，或刑或沖，歲運助之，相為攻擊，局內無備禦之神，又無主從，必主刑傷破敗，且犯罪受難，到老不吉。

壽命： 何知其人壽，性定元氣厚。

靜者壽，柱中無沖無合，無缺無貪，則定性矣，元氣厚者，不特精氣神氣全，而官星不絕，才神不滅，傷官有氣，身弱印輕，提綱輔主，用神有力，時上生根，運無絕地，皆是元神厚處，細究之大率，甲乙寅卯之氣不遇沖戰洩氣，偏旺浮泛，而安頓得所者，必壽，木屬仁，仁者壽，每每有驗，故敢施之於筆，若貧賤之人而亦有壽，以其得氣僅一個身旺，或身弱而運行生地，小小與他衣食不缺可矣。

夭命：　何知其人夭，氣濁神枯了。

氣濁神枯之命極易看，印綬太旺，日主無看落，才煞太旺，日主無依倚，喜神與忌神雜戰，四柱與行運反沖，絕而不和，靜而不專，濕而不滯，燥而不鬱，精流氣洩，皆壽夭之人。

[貞元論]

貞元：　造化生生不息機，貞元往復運誰知，有人識得其中數，貞下開元是處宜。

造化起於元，亦止於貞，再肇貞元之會，胚胎嗣續之機。

貞元，如以八字看以年為元，月為亨，日為利，時為貞，年月吉者前半世吉，日時吉者後半世吉。以大運看，以初十五年為元，次十五年為亨，中十五年為利，後十五年為貞，元亨運吉，前半世吉，利貞運吉，後半世吉，皆貞元之道。然有貞元之好存焉，非特絕處逢生，北盡東來之意也。至於人之壽終矣，而既終之後，運之所行，果所喜者歟，則其家必興，果所忌者歟，則其家必替，蓋考為貞，子為元也，此貞下起元之妙，生生不息之機。予著此論，非欲人知老之年，而示天下以萬世之孝，實時以驗奕世之兆，益知數之不可逃也，學者勉之。

附錄二：梅花易數

邵康節先生心易梅花數序

荊山之璞天下之寶也晦於石中不知其幾何年遇和氏而後顯於世豐城之劍天下之寶也晦於地中不知幾何年遇雷氏而後顯於時物之顯晦固各有時亦所遇之人何如耳一物且然況聖經賢傳天下古今至寶者乎有宋康節邵子之學直上推明伏羲先天生卦之法與文王後天八卦之用專用其卦不用其蓍專爲推步之法大而天地之運化微而萬物之生殖遠而上下古今之世變皆妙探於卦爻中前知無窮卻知無極故曰萬物莫逃乎數況於人乎而況於鬼神乎玄聖以來一人而已朱夫子已表章於本義啓蒙之書惟觀梅易數自邵子發於神宗熙寧丁巳至大明景泰甲戌凡三百七十八年得之者尠秘而不傳順天府通州太守會稽餘姚夏公昂字廷舉當衝要之州撫綏治化政事

偉然詳謐遠近太宗伯胡公輩以詩文贈
之公暇又能以此易數芟繁去謬校正歸
一遣俾以書命刻序之俾綉諸梓豎乎一
物之微識者遇之猶以爲寶今得太守夏
公顯行于世獲之者不啻如和氏之璧雷
氏之劍豈不爲天下之至寶矣夫
大明景泰甲戌仲冬日南至屏山後人京兆
劉剡書

家傳邵康節先生心易卦數序

宋慶曆間先生隱居山林留心學易冬不爐
夏不扇心在易而忘於寒暑也猶爲未至遂
糊易在壁坐卧未嘗心目不在焉一日午睡
有鼠遊於前以所枕瓦枕頭擊之鼠走枕破
覺枕中有字取視之云此枕數當卯年肆月
重四日巳日見鼠而破先生嘆訝之曰物皆
有數於是詢問竟往窰家問其匠曰向嘗有
一老者手執周易來憇於上所書之字必斯

人也今不至已久矣吾識其家迺率同從訪
亟為及門問其故家人曰今則亡矣但遺書一
冊在家囑云至某年某月某日某時有一秀
才至吾家可以此書授之則終吾身之事學
矣其家將是書授先生而觀之乃易書也就
以此例卜其家曰汝臥床下有白金一窖取
之可為營喪事其家從而掘之果得金矣先
生受書謝而歸服日究玩悉皆不用蓍卜而知
吉凶之理無不應驗是乃易數精微之妙也

後因觀梅見二雀爭枝墜地而知晚有鄰女
折花墮傷其股蓋此寓卜有此後也相傳遂
以為觀梅數也與夫卜落花知明日今為馬
而遂毀築井西林寺額知有陰人禍蓋此皆為
先天數也未得卦而得數以數起卦故曰先
天若夫見老人有憂色卜而知其有食魚之
禍見少年有喜色卜而知其有幣聘之喜聞
雞鳴知雞必受烹飪卜牛鳴知牛必遭宰殺
此皆論後天之數蓋未得數先得卦以卦起

數故曰後天一日置一觔就以所置年月日
時推卜之書於觔底曰某年月日此觔當被
仙客坐折至期果有道者來訪坐觔而破仙
客有愧起謝先生曰物之成敗皆有定數又
何足介意且公眞神仙也幸得欵話因舉觔
揭所書示之其道者愕然趨起出忽不見廼
知數之玄妙雖鬼神莫逃而况於人乎况於
物乎
右易觀梅之學寓至精之變至微之理

非庸占俗卜可比論也得此道者至誠
取應無不神效不可目之以淺近而輕
忽也
周易卦數乾一兌二離三震四巽五坎六艮
七坤八起卦以八除之皆不用數目多少如
不滿八卽以作卦如一八除不盡再除二八
三八直除盡八數以零作卦如得八數整卽
是坤卦也更不必除起爻以六除之諸用重
卦總數以六除之以零作爻如不滿六正用

比數爲爻不必再除如過六數則以六除之
以零數爲爻如一六除不盡再除二六三六
直除盡六數以零爲爻如第一爻動者是陽
爻陽動則變爲陰二爻動者是陰爻陰動則
變爲陽也

互卦例乾坤無互互其變卦互卦止用
八卦不必取六十四卦互卦以重卦去
初爻只去了末爻只用中間四爻分爲
兩卦以二三四爲下卦三四五爲上卦

論爻

卦數起例

年月日爲上卦年月日加時爲下卦復以年
月日時總數取爻年如子年一數丑年二數
直至亥年十二數月如正月爲一數二月爲
二數直至十二月十二數日如初一日一數
初二日二數直至三十日三十數又以年月
日共計幾數以八除之以零數作上卦時如
子時爲一數丑時二數直至亥時十二數又

以年月日數上加時總數除八以零數作下卦就以六除取爻

物數占

凡見物有可數之數即以起數就作上卦以時數配作下卦卻以卦數時數總除取爻

聲音占

凡聞得聲音數得幾聲起作上卦卻加時數配作下卦仍以總數除六爻如聞動物鳴叫之聲或聞求人敲擊之聲皆可起卦

字占

凡見字數如停均即分平半為上卦平半為下卦如字數不均則以少一字為上卦以多一字為下卦蓋取天輕清地重濁之義也

一字占

一字為太極未判如草字混沌不明不可設卦如楷書則數其字畫以居左者為陽看得幾數起作上卦以居右者為陰看得幾數起作下卦又以一字之陰陽全數取爻

左畫ノ一ノ右畫一乀乙二
二字占二字爲兩儀平分一字爲上卦一字
爲下卦
三字占三字爲三才以一字爲上卦以二字
爲下卦
四字占四字爲四象平分上下又四字以上
不必數畫數只以平仄聲調之字平聲爲一
數上聲爲二數去聲爲三數入聲爲四數
五字占五字爲五行以二字爲上卦三字爲

下卦
六字占六字爲六爻之象平分上下
七字占七字爲七極數三爲上卦四爲下卦
八字爲八卦之數分平上下
九字爲九疇之義以四字爲上卦五字爲下
卦
十字占十字爲成數平分上下
十一字占十一字以上至於百餘字皆可起
卦但十一字以上又不以平仄聲音調之止

用字數如字數平均則以多字為上卦以少字為下卦如字數不均則以少一字為上卦多一字為下卦又合卦之總數取爻

丈尺占丈尺之物以丈數為上卦以尺數為下卦合丈尺之數取爻寸數不係

尺寸占尺寸之物以尺數為上卦以寸數為下卦合尺寸之數取爻分數不係

為人占

凡為人占卜其例不一或聽其語聲或觀其人品或取諸其身或取諸其物或因其服色或觸其外物或以年月日時或以書寫來意

聽其聲音者如人說初一句即以字數分之起卦如人說兩句既用先一句為上卦後一句為下卦若語句多則用初一句為上卦末一句為下卦餘句不用

觀人品者如老人為乾少女為兌之類

取諸其身者如頭動為乾足動為震目動為離之類

取諸其物若如其人手中偶執物則看是何
物如金玉及圓物之屬爲乾如土瓦及方物
之屬爲坤之類
因其服色若如其人着青衣爲震衣赤衣爲離
之類
觸其外物若如起卦之時偶見水爲坎卦見
火爲離卦之類
年月日時者則如觀梅占之類
書寫來意者如人求占或寫來意則以其字

數占之

占自己

凡占卜自己或以年月日時或以所聞聲音
或觀當時有所觸之外物皆可起卦已上三
例與前同意爲人占同

占動物

凡牛馬犬豕之類初生則可以年月日時占
之或置買此等之物亦可以初置買年月日
時推之

凡占群物之動不可起卦如見一物則就以
此物爲上卦動來之方位爲下卦合物卦數
及方位卦數加時取爻而以此卦就斷其物
如後天占牛鳴雞鳴之類

占靜物

凡見靜物則如江河山石一定不易之物不
可起卦若屋宇樹木之類則屋宇初創之時
樹木初植之時皆可起卦至如器物則初置
時成器之時皆可占之如椅桌之類是也餘

則無故不占不動不占若觀梅則見雀爭枝
墜地而占如牡丹則因客問而占如大樹則
因枝枯墜地而後占之也

後天端法後天卦數

物卦起例

後天端法以物爲上卦方位爲下卦
右合物卦之類與方位卦數加時數以取動
爻

八卦萬物屬類並爲上卦

凡見所屬之物就起上卦

乾
天 老人 父 馬 金玉 國 物 骨
頭 官貴 冰 木 剛物 果 鏡
寶 冠
珠

坤
地 母 老婦 腹 上 牛釜 文章
布 車 方物 轝 柄 服裳 黃色
凡器 黍稷
黑色 柄土

震
長男 足 髮 百虫 蹄 竹木 樹
萑葦 木 核 草木 紫 繁鮮 蕃
青碧 綠色 樂器
竹器 龍

巽
長女 僧尼 仙道 鷄 工匠 百禽
直物 草木 羽毛 工巧之器 枝竿
風 繩 股 氣 香
木魚 青色 潔白

坎
中男 雨 月 冰雪 耳 血 黑色
月輪 水 酒 有核之物 豕 水族
魚 盬
盜

離
中女 日 電 霞 霓 文人 花大
文書 眼 目 心 火 甲冑 爐竈
兵戈 雉 龜 螺 鱉 紅紫 赤色
槁木 有殼之物 乾燥之物 螄

艮
少男 童子 手指 鼻 觜長之獸
山土 藤[illegible] 木果 狗 豕觜 觜之禽
道路 鼠門 禽 百禽獸
石 背 黔觜之屬

兌
少女 巫妾 歌女 口 舌 金
五金 缺器 斷刀 肺 羊 澤 鍾
有口之器 器物之類
白色 樂器

已上八卦屬物　凡此並起作上卦

八卦方位並為下卦

乾西北方　坎北方　艮東北方　震東方

巽東南方　離南方　坤西南方　兌西方

右以上八卦方位凡此屬之物自此方來

者或物在此方者

並起作卦加時數取爻

乾一金　離三火　兌二金　坎六水　坤八土　巽五木

震四木　艮七土

觀梅占

以年月日時占例辰年十二月十七日申時

康節邵先生偶觀梅見二雀爭枝墜地先生

曰不動不占不因事不占今二雀爭枝墜地

怪也因占之辰年五數十二月十二數十七

日十七數共得三十四數除去四八三十二

得二兌為上卦加申時九數總四十有三除

五八四十得三離為下卦是為澤火革又以

四十三總數除六七四十二得零一數為動

爻則初爻變為咸互見乾巽

斷曰詳此卦明日晚當有女子折花有跌傷之厄遂囑家人曰若有人折花愼勿驚之次日晚果有一隣女來折花園童不知而逐之女子驚墜失手傷股果應其占盖兌金爲體离爲少女离火尅之互中巽木復生起离火則尅體之卦也兌爲少女因知女子股傷互中巽木又逢乾兌之金尅之則巽木被傷巽爲股又見股傷之意幸而變爲艮土兌金得土有生意雖女子被傷而不至於死亡矣

牡丹占

巳年三月十六日卯時先生偶在洛中與客共觀牡丹値花開之盛客曰花開盛如此亦有數乎先生曰莫不有數且因問而可占之矣遂占之以巳年六數三月三數十六日十六數共得二十五數除三八二十四得一乾爲上卦加卯時四數總二十有九又除三八二十四得五巽爲下卦又以二十九總數除

四六二十四得零五數為動爻是為天風姤之五爻變是為鼎互見重乾後言客曰怪哉此花明日午時當為馬所踐毀衆客將然果次日午時有貴官游觀牡丹二馬闘嚙驚走花間踐毀之矣

斷曰巽木為體乾金剋之互卦又見重乾尤為剋體之卦矣卦中又無生意因知牡丹必毀傷馬者乾為馬也午時者離卦也

聞聲占例　夜扣門借物占

冬夕酉時先生同子擁爐而坐有扣門者一聲而止繼復扣五聲且欲借物先生令勿言所借令其子試占所借者何物以一聲屬乾為上卦以五聲屬巽為下卦又以一乾五巽共六數加酉時十數總得十六數除二六一十二得零四數為動爻是為天風姤之四爻變是巽互見重乾卦中二乾金二巽木二體而已乾為剛金而巽為長木

斷曰其子云金短而木長所借者必鋤耳

先生曰但非鋤及借介問之曰果借介字
曰何以故先生曰論數又須論理以卦論
之鋤亦可也以理推之衣脫套用鋤借介
是也蓋介均於辟勞非耳大凡論數又須明
理斯爲切占之要論數不論理則不明也
學者宜熟誌之

聲音占例　今日動靜如何

有客問曰今日動靜如何遂占之六字平分
以今日動三字爲上卦今字平聲一數日字
入聲四數動字去聲三數共得八坤爲上卦
以靜如何三字爲下卦靜字去聲三數如字
平聲一數何字平聲一數共得五巽爲下卦
又以八五一十三總數除二六一十二得零
一數爲動爻是爲地風升變泰互見震兌遂
謂客曰今日當爲人相請客無多酒無醉味
止雞黍而已當晚果然

斷曰升者有升階之意互見震兌爲東西
庠之分卦中兌爲口坤爲腹爲口腹之事

故知有人相請客無多者坤土獨立無同
類之卦氣也酒無醉者卦中無坎味止鷄
黍者坤爲黍稷耳又卦無相生之義故知
品味不至豐也

字畫占例　　西林寺額占

先生暇日閒遊偶見西林寺之字額林字無
兩句占之以西字七畫得艮爲上卦林字八
畫得坤爲下卦又以七八一十五總數除二
六一十二得零三數爲動爻是爲山地剝卦

六三變艮互見重坤

斷曰寺者純陽之人所止今卦得多陰之
爻而又有群陰剝陽之兆詳此寺中當有
陰人之禍詢之寺僧果然先生謂寺僧曰
何不添林字兩勾則無陰禍矣僧信之遂
添林字兩勾寺中自此後果然無事右純
陽之居得群陰之卦故爲不吉而有純陰
剝陽之意所以有陰人之撓若添林字兩
勾則十畫除八得二爲兌卦合上艮是爲

山澤損謙中孚互見坤震損者益也始用
互俱為主體之吉卦可以定矣已上五卦
並是先天得數以起卦所謂先天也
端法後天占　老人有憂色占
己丑日卯時偶在途行逢一老人從巽方來
有憂色問其故曰無恙遂占之以老人屬乾
為上卦巽方為下卦是為天風姤又以乾一
巽五加卯四為十總數除六得零肆數為動
爻是為天風姤卦之九四易曰包無魚起凶

是易辭不吉以卦論之巽木為體乾金尅之
尅之互卦又見重乾俱是尅體並無生意且
時在途行其應又速遂以成卦之數中分而
取其半謂老人曰汝五日之內謹慎出入恐
有重禍果五日老人赴吉席因食魚被魚骾
而終
大凡占者看自己之動靜以決事之遲速故
行則事應速遂以成卦之數中分而取其
半也坐則事應遲當倍其成卦之數而定

之也立則半遲半速止以成卦之數定之可也雖然如是又在變通如占牡丹觀梅之類則二花皆朝夕之故豈待成數之久也

少年有喜色占

壬申日午時有少年從离方來喜形於色問有何喜曰無遂占之少男屬艮爲上卦离方爲下卦得山火賁以艮七离三加午七爲十七總數除二六一十二得零五數爲動爻是爲賁之六五易曰賁于丘園束帛戔戔吉是易辭吉矣卦則變家人互見震坎离爲體互變俱是生氣之卦矣

斷曰予於十七日內必有聘幣之喜至期果然定婚

牛哀鳴占

癸卯日午時有牛哀於坎方聲極哀因占之牛屬坤爲上卦坎方爲下卦得地水師以坤八坎六加午七爲二十一總數除三六一十

八得爻三數爲動爻是爲師之六三易曰師
或輿尸凶是易辭凶也卦得師變升互見震
坤爲體互變俱剋之並無生意
斷曰此牛二十一日內必遭屠殺果後二
十日有一人來買此牛宰以犒正衆悉皆
食之

雞悲鳴占

甲申日卯時有雞鳴於乾方其聲甚悲爲因
占之雞爲巽爲上卦乾方爲下卦得風天小
畜以巽五乾一加卯四爲十總數除六得爻
四數爲動爻是爲小畜之六四易曰有孚血
去惕出以卦論之此有割烹雞之義卦屬小畜
之乾互見離兌乾爲體離火剋之況卦中巽
木爲火又有烹飪之象乎
斷曰此雞十日內當烹之果十日有客至
烹而食之

枯枝墜地占

戊子日辰時偶行途中有大樹蔚然無風無

兩而有枯枝墜地於兌方因占之槁木爲离
爲上卦兌方爲下卦得火澤睽以兌二离三
加辰五爲十總數除六得零四數爲動爻是
爲睽之九四易曰睽孤遇元夫卦則睽變損
互見坎离兌金爲體离火尅兌之且睽損卦名
俱有傷殘之象
斷曰此木十日當伐後十日果有人斫伐
之爲玄解而匠者偶名元夫已上諸卦例
並後天數以卦起數所謂後天也

風覺鳥占

風覺鳥占者謂見風而覺見鳥而占也然非
風鳥二占而謂之風覺鳥占者凡卦屬物色皆
謂之風覺鳥占也如易數總謂之觀梅之類
也有謂之風覺鳥占者不曉其義也

風覺占

風覺占者爲見風而覺也占之便看從何方
來以之起卦又須審其時察其色辨其聲勢
然後可以斷其吉凶

風從何來者如從南來謂風火家人東來爲
益卦之類
審其時者如春爲發生和暢之風夏爲長養
萬物之風秋乃肅殺之風冬爲凛冽之風
察其色者或風帶烟埃雲氣相從有色可見
其色黄者祥瑞之氣青者半吉半凶白者刀
兵之氣昏黑者凶紅赤者災紅紫色者吉也
辨其聲勢者其風之聲如陣馬者主鬬爭如
波濤者主驚險如哽咽者有憂虞如奏樂者
有喜事如喧呼者主爭鬬如烈焰者有火驚
其聲詳緩而來徐徐而去吉慶之兆也

鳥占

鳥占者見鳥而可占也凡見鳥群數其隻數
看其方所听其聲音辨其物色皆可起卦審
其名義察其鳴呌以斷吉凶
見鳥而占者數其隻數一隻屬乾二隻屬兌
之類
看其方所者即如離南坎北之類

吁其聲音者如鳥呼一聲為乾二聲為兌之
類此為起卦之聲音也若夫鵲呼之喧閙者
主口舌鴉呼之悲咽者主憂戚雞鳴呼之閙熱
者主吉慶也此乃取斷吉凶之聲音故鳶鳥
鳴呼可斷吉凶也
聲其名義者如鴉報凶鵲報喜鸞鶴為祥瑞
鵰鸚為妖孽之類也
聽聲音占
聽其聲音者如靜室無所見但以耳中所聞

之卦或數其聲數目驗其方所或辨其物聲詳
其所屬之卦可起卦察其悲喜斷其吉凶也
數其數目者如一聲為乾二聲為兌之類
驗其方所者聲在南方為離北方為坎之類
也辨其物聲者如人話聲及動物呼鳴之類
皆辨屬口出者為兌而物扣擊槌打之聲屬
震人金聲屬乾鐘磬鉦鑼之聲是也木聲屬震
鼓板打拍刀斗擊柝之類是也水聲屬坎淵
潮泉瀑溪流波濤之聲是也火聲屬離烈焰

信忌勝付之聲是也
此乃發其物聲詳其所屬也至於察其言
悲懽其吉凶者如聞笑語及談詩書或云
吉祥之言而有笑聲娛喜者有吉喜也如聞
悲憐嗟嘆之語及感怒罵詈爭鬥之聲者
不吉祥也

形占

形占者凡見物形可以起卦如物之圓者屬
乾剛者屬兌方者屬坤柔者屬巽仰者屬震

覆者屬艮長者亦屬巽中剛外柔者屬離內
柔外剛者屬離乾燥枯槁者亦屬離有文彩
者亦屬離覆器之物高隆之勢亦皆屬艮物
之缺者亦屬兌也

色占

色占者青色屬震紅紫赤屬離黃坤白兌黑
坎之類是也

心易卦數

心易占卜玄機

天下之事有吉凶託占以明其機天下之理無形跡假象以顯其義故乾有健之理於馬之類見之坤有順之理於牛之類見之故占卜寓吉凶之理視卦象而見之然卦象雖云一定不易之理而無變通之道不可也易者變易而已占卜之道如今日觀梅得革兆有女子折花異日觀梅復得革亦云有女子折花可乎今日占牡丹之姤兆為馬所踐傷異日占牡丹復得姤亦謂之有馬踐傷可乎且兌之屬類非止女子乾之屬類非止馬也謂他人折花他物毀花皆可而見之切驗之眞如此是必有術之占卜之道要在變通而得占卜之妙在於口授心傳耳

占卜總說

大抵占卜之法成卦之後先看周易文辭以斷吉凶如乾卦初九潛龍勿用則諸事未可為只宜退隱伏藏之類九二見龍在田利見大人則宜於謁見貴人之類餘倣此

次看卦之體用以論五行相尅相生即動
靜體用之說以體爲主用爲事之應用生
體及比和則吉體生用及用尅體乃不吉
之兆

次看尅應

三要靈應之類如聞吉說見吉兆則吉聞凶
說見凶兆則凶見圓物則事易成見缺物終
毀之類則事難易復驗已成之動靜坐則事
應遲行則事應速走則愈速臥則愈遲數者

皆備可以盡占卜之道矣然須以易卦爲主
體用尅應次之俱吉則大吉俱凶則大凶有
凶有吉則觀其卦辭及體用尅應之類詳審
輕重以斷吉凶也要在圓機不可執滯

占卜論理訣

數說尚矣沒以理論之而後備苟論數而不
論理則拘於一見而或有不驗矣蓋如飲食
得震爲龍以理論之則龍豈可食乎以類推
之則爲鯉類是也如占天時得震爲雷當有雷

聲若冬月占之得震卦以理論之冬月安得
有雷當以風撼震動物聲之類是也心易之
學既知已上數條之訣復明乎理則占卜之
道無餘蘊矣

先後天論

先天斷卦凶吉止以卦論不用易爻之辭
後天則用易辭兼以卦斷何也蓋先天未得
卦先得數是未有易書先有易理是無卦畫
無易書之謂也故不用易書之辭專以卦斷

後天則已得卦是有卦畫有易書之謂也故
用易書之辭兼用易卦之斷也又起後天卦
與先天不同然其要則一今人多以坎一坤
二震三巽四中五乾六兌七艮八離九此數
爲用蓋聖人作易畫卦始於太極兩儀四象
八卦加一倍數自成一乾二兌三離四震五
巽六坎七艮八坤故凡起卦只合以此數爲
用又今人起後天卦多不加時得此一卦止
以此一爻動變爲斷更無移易豈變易之謂

乎哉後天卦卦爻既定後加以時而後可也
又先天卦定事應之期則取諸卦象如乾兌
則應於庚辛及丑金之日或乾應於戌亥月
日時兌應於申酉月日時震巽當應於甲乙
及丑未之日或震取寅卯巽取辰巳之類彼
此
後天則以卦數時數總之而分行坐立臥之
遲速以為事應之期然卦數時數者應近而
不能決諸遠後合先天後天之卦數通用取

後可也又凡占卦中決斷吉凶其理洞然可
止於全卦體用生剋之理及參以易辭吉凶
斯可矣今人後天卦者於六十花甲子之日
取其時方兇危破敗亡滅跡等以取斷決此適
曆家選擇時日之法並與周易不相干涉何可用
之

卦斷遺論

凡占卦決斷固以體用為主然有不拘體用
者如起例中西林寺額得山地剝卦互變俱

比和則當吉矣而迺不吉何也盖寺者純陽人所居之地而爻有純陰之象是爲群陰剝陽之義顯然矣此理昭然又何必拘體用之論也又若有人問今日動靜如何得地風升初爻用克體卦互俱不生無飲食矣而亦有人相請雖飲食不豐而有人請何也此又當時必有他應有以如何二字帶口爲重兌之義未詳是否又有用不生體而互變俱生之爲吉者如少年有喜色占得山火賁是也有

用不克體而互變俱尅之爲凶者如牛哀鳴占得地水師是也盖少年喜色而略知其有喜而易辭又有東帛戔戔之吉是也二者俱喜互變俱生愈見其吉也雖用不生不害其爲吉也牛鳴而哀則知其有凶而易爻辭復有輿尸之凶加以互變俱克愈見其凶也雖用爻不尅不能掩其凶也盖易斷卦當於理勝處驗之不可拘於一也

八卦所屬内外動靜之圖

乾 玄黃 圓物 大赤色 木菓 金玉 貴物 寶珠 刃冠 鏡 象 獅 馬

天鵝 剛物

坎 水帶子 水貝 帶核之物 水中之物 鹽 豕 酒 魚 黑色 弓輪

艮 土石 瓜菓 黃色 百禽 虎 鼠 狗 黔 土中之物 啄之物

震 竹木 竹木 樂器 青綠 碧色 草蕃鮮之物 龍 蛇 萑葦

巽 木香 繩 雞 長物 直物 青碧綠 竹木器 山林之禽虫 工巧之器

離 火 槁木 文書 甲冑 干戈 螺蚌 雉 鱉 龜蠏 物赤色

坤 土 牛 方物 布帛 五穀 輿釜 柔物 瓦器 絲綿 黃色 百禽

兌 金刃 白色 金器 有口缺之物 樂器 羊 澤中之物

八卦萬物類占

乾一金

天時 天 水 霰 雹

地理 西北方 京都 大郡 占勝之地

高元之所

人物 君父 老人 官宦 大人 長者

名人 公門人

人事 圓成 剛健 武勇 果決 高名

多動少靜

身體　首　骨　肺
時序　秋　九十月之交　戌亥年月日時
五金年月日時
動物　馬　天鵝　獅　象
靜物　金玉　寶珠　圓物　貴物　木果
剛物　冠鏡
屋舍　公廨　樓臺　高堂　大廈　驛舍
西北向之居
家宅　秋占宅興旺　夏占有禍

冬占冷落
婚姻　貴官之眷　有聲名之家
秋占宜成婚　夏占不利
飲食　馬肉　乾燥之物　名骨　辛辣之物
珍味　諸物　首飾　圓物　木果
生產　易產　秋占生貴子　夏占有損
宜坐西北方
求名　有名　宜在朝內住　西北之位
刑官　武職　天使　驛官　掌寶

交易 易成 宜賓主貴見信交易 夏占不利
求利 有金玉或公門得財 或有貴人之
財 秋吉有財 冬無財 夏損財
謀望 有成 利公門中 宜動中 謀
夏占不利 冬占多謀少遂
出行 利西北方 宜會衆師 利遠行
夏占不吉
謁見 可見 利見大人 宜謁官貴
宜見長者

疾病 頭面之疾 肺疾 筋肋骨疾
上焦病 夏不安
官訟 健訟 有貴人順助 秋占得勝
夏占失理
墳墓 宜西北坐向之墓 宜亥人氣脉
宜天穴 秋占生貴子 夏不可葬
姓名 商音 帶金傍姓氏 行位一四九
數目 一四九
方道 西北

五色 大赤 玄黃
五味 辛辣
坤八土
天時 天陰 霧氣
地理 田野 鄉里 平地 西南方
人物 后母 老婦 農鄉人 衆人 大腹人
人事 吝嗇 柔順 柔懦 衆多
身體 腹 脾胃 肉
時序 辰戌丑未月 未申年月日時

八五十月日
靜物 方物 土中物 柔物 布帛絲綿
五穀 輿釜 瓦器
動物 牛 百獸 牝馬
屋舍 西南向居 村舍 田舍 矮屋
土堦 倉庫
家宅 安穩 多陰氣 春占宅舍不安
飲食 野味 牛肉 土中之物 甘味
五穀 黍稷 腹臟之物 莒薯芋等

之物
婚姻　利於婚姻　宜稅產之家　鄉村之
家　春占不利　或寡婦之家
生產　易產　春占難成　或有損
或不利於母　坐宜西南方
求名　有名　宜西南之任　守土司農之
職或教官　春占虛名
求利　有利　宜土中之利　賤貨重物之
利　五穀之利　靜中得財　布帛

之利　春占無財　多中取利
交易　宜利交易　宜田土交易
春占不順　宜五穀布帛之交易
謀望　利求謀　鄉里求謀　宜靜中求謀
春占少遂　或謀於婦人
出行　可行　宜西南行　宜往鄉里行
春占不宜往　宜陸行
謁見　可見　宜見鄉人　宜見親朋
或陰人　春不宜見

疾病　腹疾　脾胃之病　飲食停傷
　　　穀食不化
官訟　理順得衆情　訟當解散
墳墓　西南之穴　平陽之地　近田野
　　　宜低葬　春不可葬
姓名　宮音　帶土姓人　行位八五十
數目　八五十
方道　西南
五色　黃　又黑

五味　甘味
　　　震四木
天時　震雷
地理　東方　樹木　鬧市　草木
　　　繁盛之所　竹林　大途
人物　長男
人事　震者起也　爲動怒　虛驚
　　　鼓躁　多動　少靜
身體　足　肝　髮　聲音

時序　春三月　卯辰月日時　四三八
月日
靜物　木竹　花草　木品之樂
花草繁鮮之物
動物　龍蛇
居舍　東向所居　山林之處　樓閣
家宅　宅中不時有虛驚　春占吉
秋占不利
飲食　豬肉　山林野味　菜蔬

鮮肉　菓酸味
婚姻　可有成　聲名之家
利長男之婚　秋占不宜婚
生產　虛驚　胎動不安　頭胎必生男
秋占必有損　坐宜東向
求名　有名　宜東方之任
掌刑獄之官　施號發令之職
有茶竹木稅課之　任或闌市司貨
之職

求利	山林竹木之財　宜東方求財
	或山林竹木茶貨之利
	動處求財
交易	利於成交　秋占難成　動而可成
	山林竹木茶貨
謀望	可望　可求　宜動中謀望
	秋占不遂
出行	宜向利於東方　利山林之行
	秋占不宜往　但恐虛驚

謁見	可見　宜見山林之人
	利見宜有聲名之人
疾病	足疾　肝經之疾　驚　怖不安
官訟	健訟　有虛驚　行移取勘反覆
墳塋	利於東南　山林中穴
姓名	商角音　帶木姓氏　行位四八三
數目	四八三
方道	東方
五色	青　黃　碧

五味　酸味
巽五木
天時　風
地理　東南方之地　草木茂秀之所
花果茶園
人物　長女　秀士　寡髮之人
山林仙道之人
人事　柔和　不定　鼓舞　利市三倍
進退　不果

身體　股肱　氣　風疾
時序　春夏之交　三五八之月日時
三月　辰巳午未年月日時　四月
靜物　木　香臭　繩　直物　長物
竹木　工巧之器
動物　雞　百禽　山林中之禽虫
屋舍　東南之居　寺觀樓臺
山林之居
家宅　安穩利市　春占吉　秋占不安

飲食 雞肉 山林之味 蔬菜 酸味

婚姻 不成 宜長女之婚 秋占不利

生產 易生 頭胎產女 秋占損胎

宜向東南坐

求名 有名 宜文職 有風憲之力

宜入風憲 宜茶課竹木稅貨之職

宜東南之任

求利 有利三倍 宜山林之利 秋大吉

茶木稅貨之利 一云秋占無財

交易 可成 進退不一 交易之利

山林茶木之類 山林交易

謀望 可謀望 有才 可成

出行 可行 有出入之利 宜向東南行

秋占不可行

謁見 可見 利見山林之人

利見文人秀士

疾病 股肱之疾 風疾 中風

寒邪 氣疾

官訟　宜和　恐遭風憲之責
墳墓　宜東南方向　山林之穴
多樹木　秋占不利
姓名　角音　草木傍姓氏　行位五三八
數目　五三八
方道　東南
五色　青綠　碧潔白
五味　酸味
坎六水

天時　雨雪　月　霜　露
地理　北方　江湖　溪澗　泉井
卑濕之地　溝瀆池沼　凡有水處
人物　中男　江湖之人　舟人防盜
人事　險陷卑下　外示以柔　內存以剛
漂泊不成　隨波入流
身體　耳　血
時序　冬十一月　子年月日時
一六之月日

靜物　水晶　水中之物　黑色物　鐵器　弓輪
動物　豕　魚
家宅　不安　瞎昧　防盜
屋舍　向北之居　近水　江樓　茶酒肆
宅中濕　水閣
飲食　豕肉　酒　冷物　海味　羹湯　酸味
宿食　魚　帶血　淹藏　多骨之物
有核之物　水中之物
婚姻　利中男之親　宜北方之婚

不可婚　辰戌丑未月　不利成婚
生產　難產有險　宜次胎　中男
辰戌丑未月　胎坐北向
求名　艱難　恐有災陷　宜北方之任
江湖河泊之職　酒兼醋
求利　有財失　宜水邊財　恐有失陷
宜魚鹽　酒貨之利　防盜
交易　不利成交　恐防失陷　宜水邊交易
宜魚鹽酒貨之交易　或點水人之

交易
謀望　不宜成望　不能成就　秋冬亦可
謀望
出行　不利遠行　宜涉舟　防盜
宜北方行
謁見　難見　宜見江湖之人
或有水傍姓氏之人
疾病　耳疼　心疾　感寒　腎疾
胃冷水瀉　痼冷之病　血病

官訟　不利　有陰險　有失困訟　失陷
墳墓　宜北向之穴　近水傍之葬
卑濕之地不利
姓名　羽音　點水傍之姓氏　行位一六
數目　一六
方道　北方
五色　黑
五味　鹹酸
離三火

天時　日　電　虹　霓　霞
地理　南方乾元之地　窑竈　爐冶之所
剛燥厥地　其地面陽
人物　中女　文人　大腹人　目疾人
介胄之士
人事　文書之所　聰明才學
相見虛心
身體　目　心　上焦
時序　夏五月　午年月日時

三二七月日　火年月日時
靜物　火　書文　甲胄　干戈　槁木
乾燥之物　赤色之物
動物　雉　龜　鱉　蟹　螺　蚌
屋舍　南向之居　陽明之宅　明窻　虛堂
家宅　安恬　平善　冬占不安　克體主
災厄
飲食　雉肉　煎炒　燒炙之物
乾脯之類　熱肉

婚姻　不成　利中女之婚　夏占可成
冬占不利
生產　易生　產中女　冬占有損
宜坐向南
求名　有名　宜南方之任　文官之職
宜爐冶坑場之職
求利　有財　宜南方求財　冬占有失
有文書之才
交易　可成　有文書之交易

謀望　可以謀爲　宜謀望　文書之事
出行　可行　宜動向南方　就文書之行
冬不宜行　不宜行舟
謁見　可見南方人　冬占不順
秋見文書老案才士
疾病　目疾　心疾　上焦　熱病
夏占火暑　時疫
官訟　易散　文書動　詞訟明辦
墳墓　南向之墓　無木蔭穴　冬占不利

夏占書文人

姓名　徵音　帶火及立人傍姓氏

位行三二七

數目　三二七

方道　南

五色　赤紫紅

五味　苦

艮七土

天時　雲霧　山嵐

地理　山逕路　近山城　丘陵　墳墓

人物　少男　閑人　山中人

人事　阻滯　守靜　進退不決

反背　止住　不見

身體　手指　骨　鼻　背

時序　冬春之交　十二月　丑寅年月日

時　土年月日時　七年十月日

靜物　土石　瓜菓　黃物　土中之物

動物　虎　狗　鼠　百禽　黔喙之屬

家宅 安穩 諸事有阻 家人不睦
春占不安
屋舍 東北方之居 山居近石
近路之宅
飲食 土中物味 諸獸之肉
墓畔竹筍之屬 野味
婚姻 阻隔難成 成亦遲 利小男童之婚
春占不利 宜對鄉里婚
求名 阻隔無名 宜東北方之任

宜土官 山城之職
交易 難成 有山林田土之交易
春占有失
謀望 阻隔難成 進退不決
出行 不宜遠行 有阻 宜近陸行
謁見 不可見 有阻 宜見山林之人
疾病 手指之疾 脾胃之疾
官訟 貴人阻滯 官訟未解 牽連不決
墳墓 東北之穴 山中之穴 春占不利

近路邊有石

姓名　宮音　帶土字傍姓氏
行位五七十

數目　五七十

方道　東北方

五色　黃

五味　甘味

兌二金

天時　雨澤　新月　畢

地理　澤　水際　缺池　廢井崩破之地
剛鹵之地

人物　少女　妾　歌妓　伶人　譯人　巫師

人事　喜悅　口舌　讒毀　謗說　飲食

身體　舌　口　肺　疾　痰涎

時序　秋八月　酉年月日時　金年月日
二四九數月日

靜物　金刃　金類　樂器　缺器　廢物

動物　羊　澤中之物

屋舍　酉向之居　近澤之居　毀牆壁宅
　　　門戶有損
家宅　不安　防口舌　秋占喜慶
　　　夏占家宅有損失
飲食　羊肉　澤中之物　宿味　辛辣之味
婚姻　不成　秋占可　又喜主成婚之吉
　　　利婚少女　夏占不利
生產　不利　恐有損胎　成則生女
　　　夏則不利　坐向西南

求名　難成　因名有損　利西南之任
　　　宜刑官武職伶官　澤官
求利　無利有損　財利上主口舌
　　　秋占有財喜　夏占損財
交易　不利防口舌　有爭競　夏占不利
　　　秋占有交易之喜
謀望　難望　於謀有損　秋占有喜
　　　夏占不遂
出行　不宜遠行　防口舌　或損失

宜西行　秋占可行
謁見　利行西方　且有呪詛
疾病　口舌咽喉之疾　氣逆喘疾
飲食不進
墳墓　宜西向　防穴中有水　近澤之墓
夏占不宜　或葬廢穴
官訟　爭訟未已　曲直未決　因公有損
防刑　秋占爲體得理
姓名　商音　帶口帶金字傍姓氏

位行二四九
數目　二四九
方道　西方
五色　白
五味　辛辣

右萬物之象庶事之多不止於此占者
宜各以其類而推之

心易八卦體用訣

心易之數得之者衆體用之訣有之者罕予

幼讀易長叅數學始得心易卦數起例以之占訣吉凶如以蠡測海茫無涯際後得至人授以體用之訣而後占事决疑始有定據其驗則如由機射的百發百中其要在於分八卦體用之妙察五行生克比和之理以明乎吉凶悔吝之機也於是易數之妙始見而易卦之道始備乃知世有真術人罕遇之耳得此者幸甚秘之

體用總訣

體用云者如易卦具卜筮之道則易卦爲體卜筮者用也此所謂體用者借體用二字以寓動靜之卦以分賓主之兆以爲占例之準則也大抵體用之說體卦爲主用卦爲事互卦爲事之中應變卦爲事之末應體之卦氣宜盛不宜衰盛者如春震巽秋乾兌夏離冬坎四季之月坤艮是也衰者如春坤艮秋震巽夏乾兌冬離四季之坎是也體宜受他卦之生不宜見他卦之尅他卦謂用互變卦也

生者如乾兌金體則宜坤艮土生之如坤艮
土體則宜離火生之離火之體則宜震巽木
生之餘皆倣此剋者謂如金體火剋火體水
剋之類
體用之說動靜之機八卦主賓五行生剋體
為己身之兆用為事應之端體宜受用卦之
生用宜見體卦之剋體盛則吉體衰則凶用
剋體固不宜體生用亦非作利體黨多而體勢
盛用黨多而體勢衰如體卦是金而互變皆

金卦則是體黨多矣如用卦是金而互變皆
金則為用黨多矣體用之間比和則吉互乃
中間之應變為末後之期故用吉變凶者或
先吉而後凶用凶變吉者或先凶而後吉欲
知數體之互可察當知方用之互可詳生體
為吉事之期剋體為凶事之期

天時占第一

凡占天時於全卦中詳看如正月互卦變卦
離多主晴坎多主雨乾多明艮坤多陰晦巽

多有風兌多雨澤震多主雷若冬月震多主
大風怒號林壑震響若冬月卦震多而又剋
體卦亦主有非常之雷夏月離卦多又無坎
卦必主天道亢旱冬月巽卦重見又主雨雪
春月坎多又無離卦必主連雨不晴

人事占第二

凡占人事以體卦為主用卦為人事之應體
剋用諸事吉用剋體諸事凶體生用者有耗
失之患用生體者有進益之喜體用比和諸

亨順利又看全卦中有生體者是何卦
若乾卦生體則主公門中有益或於功名上
有喜或因官有財或因訟得理或有金寶之
利或有官貴之喜或老人進財或尊上惠送
坤卦生體主有田土之喜或於田土上進財
或得鄉人進益或得陰人之利或有穀粟之
進或有布帛之喜
震卦生體則主山林之益或因山林得財或
進東方之財或因動中有喜或有木貨交易

之利或因草木姓氏人而獲比
離卦主體亦有山林之利或於山林中得財
或以東南方而進財或因草木而得利或以草
木茶貨之屬而得利或有草藥絲麻錢貨之
喜
坎卦主體有北方之財或受北方之利或因
水邊之人進入或因黠水姓氏人而獲比或
有魚鹽酒貨交易之利或有錢貨魚鹽酒物
之喜

離卦主體主有南方之財或有文書之喜或
有爐冶坑場之利或因火土姓氏人而得財
艮卦主體主有東北方之財或有山田之喜
或因山林田土得財或進宮音與帶土傍姓
氏人之財
兌卦主體主有西方之財或有喜悅之事或
進飲食之物或五金貨利之流
又看全卦中有尅體者是何卦尅體如乾卦
尅體主有官事之憂或有門戶之憂或財寶

少失或全谷之損或見怒於尊長或得罪於
貴人
坤卦起體主有田土之憂或於田土上有損
或有小人之害或有陰人之侵或失布帛之
財或喪穀粟之利
震卦起體主有虛驚多恐懼或身心不能
安靜或家宅鬧見妖災或有草木之人相侵
或於山林上有損
巽卦起體亦主草木姓人相害或於山林

損墓上生憂謀事則忌東南方處家則防陰
人小厄
坎卦起體主有險陷之事或防盜寇之憂或
失意於水邊或生災於酒後或有點水姓氏
人相害或為北方之人相欺
离卦起體主有文書之憂或失火燭之驚或
有南方之憂或火土人之相害
艮卦起體諸事多違百謀有阻或有山林田
土之失或困山林田土之憂忌帶土人之相

侵欺防東北方之禍害
兌卦尅體不利西方主口舌之紛紜或帶口
傷如字人之侵侮或有毀折之患或因飲食
之憂卦生尅之卦氣不逢止須以本卦而斷
如

家宅占第三

凡占家宅以體爲主用爲家宅體尅用則家
宅吉用尅體則家宅凶體卦生用多主耗散
或防失盜之憂用卦生體多主進益或有餽
送之喜體用比和家宅安穩如有生體尅體

之卦於前章人事占斷

婚姻占第四

凡占婚姻以體爲主用爲婚姻體尅用婚必
吉用尅體婚必凶體生用婚難成或因婚而
有喪體尅用婚須可成但成之遲用尅體婚
不可成亦有害體用比和則吉利矣

生産占第五

凡占生産以體爲母用爲所生體用俱宜乘
旺不宜乘衰只宜相生不宜相尅體尅用不

利於子用尅體不利於毋体尅用而用卦衰則子難完用尅體而體卦衰則毋難保用生體易於産毋體生用利於所生體用比和生育順快若定其男女當相全卦中審之陽卦陽爻多者生男陰卦陰爻多者生女陰陽卦相半則察其來占及左右人數之奇耦以証之如欲決其日時則相用卦之氣數參決卦氣旺衰前章已載日期者即看何卦爲用相前章八卦類占時序決之

飲食占第六

凡占飲食以體爲主用爲飲食用生體飲食必豐體生用飲食難就體尅用則飲食有阻用尅體則飲食必無體用比和飲食豐足又看全卦中有坎則有酒有兌則有魚無坎無兌酒食俱無兌坎生身酒醉食飽欲知所食何物以用卦飲食類推之欲知席間何應以互卦人事類審之即八卦前章看之

求謀占第七

凡占求謀以體爲主用爲所謀之應體尅用謀須可成但成遲用尅體求謀不成成之亦有害體生用則多謀少遂用生體則不勞而成體用比和求謀稱意

求名占第八

凡占求名以體爲主用爲名體尅用名可求而成遲用尅體名終不能就體生用名難成或因名而有失用生體名易成或名成而有益體用比和則功名稱意欲知成名之日生體之卦氣詳之欲知職任之處變卦之六道決之又如無生體之卦則名無成就止看用卦中時序類以定日期若在任占卜最忌見尅體之卦如卦中有尅體者則居官見禍輕則在位責罰重則剝官退職其尅體之卦氣即見禍之日期如八卦占類時序內斷之

求財占第九

凡占求財以體爲主用爲財利體尅用必有財用尅體必無財體生用財上有耗損之憂

用生體財上有進益之喜體用比和財利快
意欲知得財之日生體之卦氣決之欲知破
財之日尅體之卦氣定之

交易占第十

凡占交易以體為主用為交易之應體生用
交易遲成體尅用交易難成或有交易之失
用生體交易易成用尅體交易即成亦有交
易之財體用比和易成交易諸事順快

出行占第十一

凡占出行以體為主用為所行之應體尅用
出行所至多得意用尅體不可行強出必有
禍體生用出行有破耗之失用生體出行有
意外之財體用比和所行順快凡出行體用
宜乘旺諸卦宜生體如體卦時乾震多主動
體卦是坤艮多主不能動巽宜乘舟離宜陸
行坎有失陷兌有紛爭

行人占第十二

凡占行人以體為所占之人用為出行之人

體起用行人逢歸用起體行人不歸體生用
行人未至用生體行人即至體用比和歸期
不日至矣又以用卦為行人之體若乘旺逢
生在外順快逢衰受剋在外殊安處多不寧
艮多有阻狀多險難究有紛爭

謁見占第十三

凡占謁見以體為主用為所見之人體起用
可見用起體不可見體生用難見見之亦無
益用生體宜見之且有得體用比和則欣

然相見矣

失物占第十四

凡占失物以體為主用為所失之物體起用
可尋逢得用起體必不可尋體生用物必難
見用生體物必易尋體用比和其物終不失又
以變卦為物之所在如變卦是乾則宜覓於西
北方或公廨之所或樓閣之處或金石之傍
或圓器之間或高亢之地變卦是坤則宜覓於
西南方或田野之地或倉廩之際或稼穡之

場或土窖藏穴之中或瓦器方器之內震卦則見於東方或林木之所或叢棘之中或鐘鼓之傍或鬧市之內或大途之傍巽卦則見於東南方或山林之所或寺觀之地或菜蔬之圃或舟車之間或木器之內坎卦則見於北方尋於水畔或溪澗溝瀆之所或井泉泥濕之傍或醋酒之間或魚鹽之地離卦則見於南方或尋於乾燥之地或在窯竈之際或爐竈之傍或文書之側或在於明窗之下或

藏於孔穴之間或潛於烟火之邊艮卦則見於東北方或山林之內或近門戶之內或近路途或近石傍或藏土穴兌卦則見於西方或居澤畔或敗垣破壁之所或廢池缺沼之際

疾病占第十五

凡占疾病以體爲病人用爲病證體卦宜旺不宜衰體宜逢生不宜逢剋用宜生體不宜剋體是故體剋用則病易安體生用則病難

愈體尅用者服藥有救用尅體者服藥罔効
體逢尅而乘旺猶或痊幾體遇尅而更衰斷
無存已體用比和求疾病安寧欲識吉凶中有救
生體之卦存焉欲究和平之候生體之卦決
之欲詳危厄之期尅體之卦察之欲論藥餌
之屬當審生體之卦如離卦生體宜服熱藥
坎卦生體宜服冷劑坤艮用溫補乾兌用涼
藥又有信鬼神之說雖非易理然不可謂易
道不言雖以理推之如卦有尅體者即可測

其鬼神矣故乾卦尅體主西北之神或刃亡
之鬼或是天行時疫或稱王號邪神坤卦則
是西南方之神或曠野之鬼或連親之陰鬼
或本社之土神或有犯於方隅或無主之殤
祟震卦則是東方之鬼或木下之神或妖怪
百端或影響時現巽卦則是東南之鬼或出
山林之神或自縊殘生或枷鎖殺命坎卦則
是北方之鬼或為水畔之神或被溺而亡或
血病而殞離卦則是南方之鬼或勇猛之神

或有犯於竈司或得疾於香火或經營之
鬼或因熱病而亡艮卦則東北方之神或山
林之祟或山體木魅或土怪石精兌卦則西
方之神或陣亡之鬼或疾病而終命或刎頸
而殘生如無剋體之卦不必論也

官訟占第十六

凡占官訟以體爲求卦之人用爲對訟之人
與官訟之應體卦宜旺及宜剋用用卦宜衰
及宜生體故體剋用者己勝人用剋體者人
勝己體生用非惟失理或因官而有所喪用
生體不止得理或因訟而有所成體用比和
官訟最吉非止扶協之力必有和勸之義

墳墓占第十七

凡占墳墓以體爲主用爲墳墓體剋用宜葬
之吉用剋體必葬之凶體生用葬之主必退
有損後人用生體葬之主興旺有益後嗣體
用比和斯爲吉地大宜安葬葬之吉昌
若體用之訣姑以十七章占則以示例學者爲

之法則然庶務之多豈止於此而已特此十七占乃人事切要者占者以類推之可也

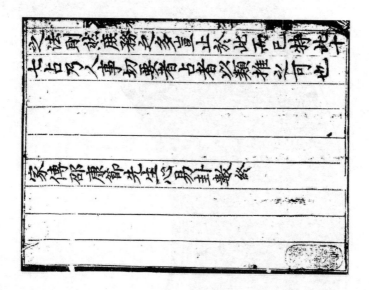

家傳邵康節先生心易卦數終

附錄四：陰符經

陰陽五行法

修行經典之二

附錄四：陰符經
（陰陽五行法修行經典之二）

上篇

觀天之道，執天之行，盡矣！天有五賊，見之者昌。五賊在心，施行於天。宇宙在乎手，萬化生乎身。天性，人也。人心，機也。立天之道，以定人也。天發殺機，移星易宿；地發殺機，龍蛇起陸；人發殺機，天地反覆；天人合發，萬化定基。性有巧拙，可以伏藏。九竅之邪，在乎三要，可以動靜。火生於木，禍發必克。奸生於國，時動必潰。知之修煉，謂之聖人。

中篇

天生天殺，道之理也。天地，萬物之盜。萬物，人之盜。人，萬物之盜。三盜既宜，三才既安，故曰：「食其時，百骸理；動其機，萬化安。」人知其神而神，不知不神之神而所以神。日月有數，小大有定，聖功生焉，神明出焉。其盜機也，天下莫能見，莫能知。君子得之固窮，小人得之輕命。

下篇

瞽者善聽，聾者善視。絕利一源，用師十倍。三反晝夜，用師萬倍。心生於物，死於物，機在目。天之無恩，而大恩生。迅雷烈風，莫不蠢然。至樂性餘，至靜性廉。天之至私，用之至公。禽之制在炁。生者死之根，死者生之根。恩生於害，害生於恩。愚人以天地文理聖，我以時物文理哲；人以愚虞聖，我以不愚虞聖；人以其奇期聖，我不以奇期聖。沉水入火，自取滅亡。自然之道靜，故天地萬物生。天地之道浸，故陰陽勝。陰陽相推，而變化順矣。是故聖人知自然之道不可違，因而制之。至靜之道，律曆所不能契。爰有奇器，是生萬象，八卦甲子，神機鬼藏，陰陽相勝之術，昭昭乎進於象矣。

陰符經注

悟元子劉一明

陰符經注序

陰符經三百餘字，其言深奧，其理精微，鑿開混沌，剖析鴻濛，演造化之秘，闡性命之幽，為古今來修道第一部真經。唐陸龜蒙謂黃帝所著，宋陳淵謂黃帝受於廣成子，朱文公亦謂黃帝著，邵堯夫謂戰國時書，程伊川又謂非商末即周末時書。其說紛紛，各述所知，究無定見。以予論之，世皆傳為黃帝陰符經，丹經子書，俱謂陰符經系黃帝所作，考之文字，始於黃帝，興於唐虞夏商，或者黃帝譔作，口口相傳，不記文字，後世成真仙侶，筆之於書，流傳世間，亦未可定。就其世傳之說，丹經之載，謂黃帝著之，亦無不可，但此書沿訛已久，苦無善本，字句差錯者極多，或借驪山老姥百言演道、百言演法、百言演術之說，紊亂聖道，以盲引盲；更有借伊呂張果子房孔明注語欺世惑人者，似此魚目混珠，指鹿為馬，大失真經妙旨。予於乾隆四十四年，歲次己亥，於南台深處，取諸家注本，校正字句，細心斟酌，略釋數語，述其大意，掃邪救正，以破狂言亂語之弊，高明者自能辨之。

時大清嘉慶三年歲次戊午九月九日棲雲山素樸散人悟元子劉一明敘於自在窩中

陰符經注解跋

陰符經者，黃帝演道書也。而談兵之家，視為天時孤虛旺相之理，人事進退存亡之因，即緇黃之流，淺窺聖經，謬為注疏者亦不少，不幾誤璞為鼠，以青作黃乎？我悟元老師，造性命之精，證天人之奧，體古聖覺世之婆心，思發其覆，憫後學窮理而無門，詳為之解，掃諸說之悖謬，詮陰符之肯綮，其中盡性至命之學，有為無為之理，靡不詳明且備，將數千年埋沒之陰符，至今原旨畢露，而無餘蘊矣。經云：觀天之道，執天之行，盡矣。僕則曰：聖經之精，聖道之微，盡矣。

大清嘉慶三年歲次戊午九月九日受業門人王附青雲峰甫沐手敬題

軒轅黃帝著　洮陽門人張陽全校閱
悟元子劉一明注
後學陶鑄靈重刊

陰者，暗也，默也，人莫能見，莫能知，而己獨見獨知之謂；符者，契也，兩而相合，彼此如一之謂；經者，徑也，道也，常也，常行之道，經久不易之謂。陰符經即神明暗運，默契造化之道。默契造化，則人與天合，一動一靜，皆是天機，人亦一天矣。上中下三篇，無非申明陰符經三字，會得陰符經三字，則三篇大意可推而知矣。

上篇

觀天之道，執天之行，盡矣。

性命之道，一天道也。天之道，陰陽之道耳。修道者能知天道之奧妙，而神明默運，竊陰陽之氣，奪造化之權，可以長生不死，可以無生無死，然其最要處，則在能觀能執耳。何謂觀？格物致知之為觀，極深研幾之為觀，心知神會之為觀，迴光返照之為觀，不隱不瞞之為觀；何謂執？專心致志之為執，身體力行之為執，愈久愈力之為執，無過不及之為執，始終如一之為執。觀天道，無為之功，頓悟也，所以了性；執天行，有為之學，漸修也，所以了命。能觀能執，用陰陽之道以脱陰陽，依世間法而出世間，性命俱了，心法兩忘，超出天地，永劫長存，只此二句，即是成仙成佛之天梯，為聖為賢之大道，外此者，皆是旁門曲徑，邪説淫辭，故曰盡矣。

天有五賊，見之者昌。

五賊者，金木水火土也。天以陰陽五行化生萬物，氣以成形，而人即受此氣以生以長，但自陽極生陰，先天入於後天，五行不能和合，自相賊害，各一其性，木以金為賊，金以火為賊，火以水為賊，水以土為賊，土以木為賊，是謂天之五賊也。惟此五賊，百姓日用而不知，順行其氣，以故生而死，死而生，生死不已。若有見之者，逆施造化，顛倒五行，金本克木，木反因之而成器；木本克土，土反因之而生榮；土本克水，水反因之而不泛；水本克火，火反因之而不燥；火本克金，金反因之而生明；克中有生，五賊轉而為五寶，一氣混然，還元返本，豈不昌乎！

五賊在心，施行於天。宇宙在乎手，萬化生乎身。

人秉五行之氣而生身，身中即具五行之氣。然心者身之主，身者心之室，五賊在身，實在心也。但心有人心道心之分；人心用事，則五賊發而為喜怒哀樂欲之五物；道心用事，則五賊變而為仁義禮智信之五德。若能觀天而明五行之消息，以道心為運用，一步一趨，盡出於天而不由人，宇宙雖大，如在手掌之中；萬化雖多，不出一身之內；攢五行而合四象，以了性命，可不難矣。

天性人也，人心機也，立天之道，以定人也。

天性者，天賦之性，即真如之性，所謂真心，不識不知，順帝之則，而人得以為人者是也；人心者，氣質之性，即知識之性，所謂機心，見景生情，隨風揚波，而人因之有生有死者是也。天性者，天機，即是天道；人心者，人機，即是人道。守天機者存，順人機者亡。惟大聖人觀天道，執天行，中立不倚，寂然不動，感而遂通，修真性而化氣性，守天道而定人心，不使有一毫客氣雜於方寸之內也。

天發殺機，移星易宿；地發殺機，龍蛇起陸；人發殺機，天地反覆；天人合發，萬化定基。

殺機者，陰肅之氣，所以傷物也；然無陰不能生陽，非殺無以衛生，故天之殺機一發，則周而復始，而星宿移轉，斗柄回寅；地之殺機一發，則剝極而複，龍蛇起陸，靜極又動；惟人也亦俱一天地也，亦有此陰陽也，若能效天法地，運動殺機，則五行顛倒而地天交泰，何則？人心若與天心合，顛倒陰陽只片時。天時人事合而一之，則萬物變化之根基即於此而定矣。中庸所謂致中和，天地位焉，萬物育焉者，即此也。

性有巧拙，可以伏藏。

人秉陰陽之氣以成形，具良知良能以為性，性無不善，而氣有清濁。秉氣清者為巧，秉氣濁者為拙。性巧者多機謀，性拙者多貪癡。巧性拙性皆系氣質之性，人心主事，非本來之天性。修真之道，采先天，化後天，而一切巧拙之性，皆伏藏而不用矣。

九竅之邪，在乎三要，可以動靜。

九竅者，人身上七竅，下二竅也；三要者，耳目口也。人身九竅皆受邪之處，而九竅之中，惟耳目口三者為招邪之要口，耳聽聲則精搖，目視色則神馳，口多言則氣散，精氣神一傷，則全身衰敗，性命未有不喪者。人能收視，返聽，希言，閉其要口，委志虛無，內念不出，外念不入，精氣神三品大藥凝結不散，九竅可以動，可以靜，動之靜之，儘是天機，並無人機，更何有邪氣之不消滅哉！

火生於木，禍發必克；奸生於國，時動必潰。知之修煉，謂之聖人。

火喻邪心，木喻性，奸譬陰惡，國譬身。木本生火，火發而禍及木，則木克；邪生於心，邪發而禍及心，則性亂；國中有奸，奸動而潰其國，則國亡；陰藏於身，陰盛而敗其身，則命傾；身心受累，性命隨之，於此而知潛修密煉，觀天道，執天行，降伏身心，保全性命，不為後天五行所拘者，非聖人其誰與歸？

中篇

天生天殺，道之理也。

天道陰陽而已，陽主生，陰主殺，未有陽而不陰，生而不殺之理。故春生夏長秋斂冬藏，四時成序，周而復始，迴圈不已，亙古如是也。

天地，萬物之盜；萬物，人之盜；人，萬物之盜。三盜既宜，三才既安。故日：「食其時，百骸理；動其機，萬化安。」

天以始萬物，地以生萬物，然既生之，則又殺之，是天地即萬物之盜耳；世有萬物，人即見景生情，恣情縱欲，耗散神氣，幼而壯，壯而老，老而死，是萬物即人之盜耳；人為萬物之靈，萬物雖能盜人之氣，而人食萬物精華，借萬物之氣生之長之，是人即萬物之盜耳。大修行人，能奪萬物之氣為我用，又能因萬物盜我之氣而盜之，並因天地盜萬物之氣而盜之，三盜歸於一盜，殺中有生，三盜皆得其宜矣。三盜既宜，人與天地合德，並行而不相悖，三才亦安矣。三才既安，道氣長存，萬物不能屈，造化不能拘矣。然此盜之秘密，有一時之功，須要不先不後，不將不迎，不可太過，不可不及，坎來則離受之，彼到而我待之，陽複以陰接之，大要不失其時，不錯其機，故曰，食其時，百骸理，動其機，萬化安。食其時者，趁時而吞服先天之氣也；動其機者，隨機而扭轉生殺之柄也。食時則後天之氣化，百骸皆理，可以全形；動機則先天之氣複，萬化俱安，可以延年。時也機也，難言也。要知此時即天時，此機即天機，苟非深明造化，洞達陰陽者，焉能知之？噫！八月十五翫蟾輝，正是金精壯盛時，若到一陽才起處，便宜進火莫延遲。

人知其神而神，不知不神之神而所以神。

古今學人，皆認昭昭靈靈之識神，以為本來之元神，故著空執相，千奇百怪，到老無成，有死而已，殊不知此神為後天之神，而非先天之神，乃神而實不神者。先天之神，非色非空，至無而含至有，至虛而含至實，乃不神之神，而實至神者。奈何世人只知後天之神而神，甘入於輪回，不知先天不神之神，能保乎性命，無怪乎萬物盜我之氣而罔覺也。

日月有數，小大有定，聖功生焉，神明出焉。其盜機也，天下莫能見，莫能知。君子得之固窮，小人得之輕命。

人之所以能盜天地萬物之氣者，以其天地萬物有定數焉；天地萬物不能盜人之氣者，以其聖道無形無象焉。如日月雖高，而有度數可推，日則一年一周，天有春夏秋冬之可見；月則三十日一周，天有盈虛朔望之可窺，大為陽，小為陰，陽極則生陰，陰極則生陽，大往小來，小往大來，陰陽迴圈，乃一定不易之道。至人於此推陰陽造化之消息，用功於一時辰內，采鴻濛未判之氣，以為丹母，奪天地虧盈之數，以為命基，先天而天弗違，後天而奉天時，聖功於此而生，神明於此而出，此功此明，其盜機也，雖天鬼神不可得而測度，而況於人乎！天下焉得而見，焉得而知？如其能見能知，安能盜之？此其所以為聖，此其所以為神。是道也，非忠臣孝子大賢大德之人不能知，非烈士丈夫俯視一切萬有皆空者不能行。果是真正修道君子，得意忘言，大智若愚，大巧若拙，不到了性了命之後，不肯洩漏圭角，固窮而如無知者也。至於薄福小人，偶嘗滋味，自滿自足，又不自重性命，無而為有，虛而為盈，約而為泰，適以自造罪過，非徒無益，而又害之矣。

下篇

瞽者善聽，聾者善視。絕利一源，用師十倍。三返晝夜，用師萬倍。

瞽者善於聽，非善聽也，以目無所見，而神藏於耳，故其聽也聰；聾者善於視，非善視也，以耳無所聞，而氣運於目，故其視也明。即此二者以觀，閉目而耳聰，塞耳而目明，況伏先天之氣，舍假修真，存誠去妄者，何患不能長生乎？清靜經曰：眾生所以不得真道者，為有妄心；既有妄心，即驚其神；既驚其神，即著萬物；既著萬物，即生貪求，即是煩惱，煩惱妄想，憂苦身心，便遭濁辱，流浪生死，常沉苦海，永失真道。妄想貪求，乃利之源也，人能絕此利之一源，則萬有皆空，諸慮俱息，勝於用師導引之功十倍，又能再三自返，存誠去妄，朝乾夕惕，晝夜殷勤，十二時中，無有間斷，漸歸於至善無惡之地，勝於用師導引之功萬倍。蓋師之功，能革其面，而不能革其心；能與人規矩，而不能使人巧；絕利自返，正心地下功，戒慎恐懼於不睹不聞之處，師力焉得而及之？至聖云：一日克己復禮，天下歸仁焉。為仁由己，而由人乎哉？正此節妙諦。

心生於物，死於物，機在目。

心如主人，目如門戶。本來真心，空空洞洞，無我無人無物，與太虛同體，焉有生死，其有生死者，後天肉團之心耳。心不可見，因物而見，見物便見心，無物心不現。是主人或生或死，物生之，物死之，其所以使物生死心者，皆由目之開門揖盜耳。蓋目有所見，心即受之，是心生死之機，實在目也。人能返觀內照，外物無由而受，生死從何而來？古人云：滅眥可以卻老，此至言也。

天之無恩，而大恩生。迅雷烈風，莫不蠢然。至樂性餘，至靜性廉。

天至高而萬物至卑，天與物相遠，似乎無恩於物矣。殊不知無恩之中而實有大恩生焉。天之氣鼓而成雷，噓而成風，迅雷震之而萬物發生，烈風吹之而萬物榮旺。發生榮旺，萬物皆蠢然無知，出於自然，此無恩而生大恩，天何心哉？故至樂者，萬物難屈，無拘無束，性常有餘；至靜者，萬物難移，無貪無愛，性常廉潔。樂者無心於余而自餘，靜者無心於廉而自廉，亦如天之無恩而有大恩。無心之用，神矣哉！

天之至私，用之至公，禽之制在氣。

天之道行於無象，運於無形，為物不貳，其至私與。然其四時行而萬物生，其用又至公焉。推其奧妙，其一氣流行，禽制萬物乎？禽者，擒也，統攝之謂；制者，造作之謂；言統攝萬物，製造萬物，在乎一氣也。一氣上升，萬物皆隨之生長，一氣下降，萬物皆隨之斂藏，生長斂藏，總是一氣擒制之，一本散而為萬殊，萬殊歸而為一本。私而公，公而私，非私非公，即私即公，一氣流行，迴圈無端，活活潑潑的也。

生者死之根，死者生之根。恩生於害，害生於恩。

天道生物，即是一氣。上下運用一氣，上為陽，下為陰。陽者，生也，恩也；陰者，死也，害也。然有生必有死，有死必有生，是生以死為根，死以生為根也；有恩必有害，有害必有恩，是恩在害生，害在恩生也。若人死裏求生，則長生而不死，人能害裏尋恩，則有恩而無害，出此入彼，可不慎乎！

愚人以天地文理聖，我以時物文理哲；

愚人不知生死恩害，是天地造化迴圈之秘密，直以天地文理為聖矣。我則謂天文有象，地理有形，著之於外者，可見可知，未足為天地之聖。若夫時物之文理，無象無形，乃神運之道，藏之於內者，不可見，不可知，正天地之所以為哲也。蓋物有時而生，有時而死。當生之時，時生之，不得不生；當死之時，時死之，不得不死。生者，恩也，死者，害也，生而死，死而生，恩而害，害而恩，生死恩害，皆時運之，亦無非天地神道運之。天地神道不可見，因物以見之，觀於物之生死有時，而天地神道之明哲可知矣。

人以愚虞聖，我以不愚虞聖；人以其奇期聖，我以不奇期聖。

性命之道，始於有作人難見，及至無為眾始知。故古來修真上聖，當有作之時，黜聰毀智，韜明養晦，斡天關，回斗柄，采藥物於恍惚杳冥之鄉，行火候於無識無知之地，委志虛無，神明默運，雖天地鬼神，不可得而測度，而況於人乎？乃人不知其中奧妙，或以愚度聖人，彼豈知良賈深藏，若虛而實有，不愚之運用乎？當無為之時，和光同塵，積功修德，極往知來，一叩百應，神通廣大，智慧無邊，而人或以奇期聖人，彼豈知真常應物，而實非奇異之行藏也。聖人不愚，亦如時物文理之哲，聖人不奇，亦如天地文理不聖。聖人也，所參天地之化育，而德配天地者也。

沉水入火，自取滅亡。

人之慳貪恩愛，如水淵也；酒色財氣，如火坑也。一切常人，不窮天地造化之道，不究聖功性命之學，自暴自棄，以假為真，以苦為樂，沉於水淵而不知，入於火坑而不曉，自取滅亡，將誰咎乎？

自然之道靜，故天地萬物生。天地之道浸，故陰陽勝。陰陽相推，而變化順矣。

大道無形，生育天地；大道無名，長養萬物。無形無名，自然至靜之道。然靜者動之基，靜極而動，天地萬物即於此而生焉。一生天地，而天地即得自然之道以為道，故天地之道浸。浸者，浸潤漸入之謂，亦自然之義。惟其浸潤自然，動不離靜，靜不離動，一動一靜，互為其根，故陰陽勝。動為陽，靜為陰，動極而靜，靜極而動，陰極生陽，陽極生陰，陰陽相推，四時成序，萬物生成，或變或化，無不順之，造物者豈有心於其間哉？蓋以自然之道無形，無形而能變化，是以變化無窮也。

是故聖人知自然之道不可違，因而制之。至靜之道，律曆所不能契。爰有奇器，是生萬象，八卦甲子，神機鬼藏。陰陽相勝之術，昭昭乎進於象矣。

聖人者，與天地合其德者也。惟與天地合德，故不違天地自然之道，因而裁制變通，與天地同功用。何則？自然之道，非色非空，至無而含至有，至虛而含至實，有無兼該，虛實並應者也。故以言其無，則虛空一氣，無聲無臭，其為道也至靜，靜至於至，雖律曆之氣數，有所不能契。夫律曆能契有形，不能契無形，至靜則無形矣，律曆焉得而契之？[囟／比]陵師所謂有物先天地，無名本寂寥者是也。以言其有，則造化不測，包羅一切，其為器也最奇，器至於奇，是謂神器。神也者，妙萬物而為言者也。故萬象森羅，八卦相盪，甲子迴圈，神之伸機，鬼之屈藏，無不盡在包容之中。[囟／比]陵師所謂能為萬象主，不逐四時凋者是也。靜道者，無名天地之始；神器者，有名萬物之母。老子所謂無欲以觀其妙者，即觀其始也；有欲以觀其竅者，即觀其母也。非有不能成無，非觀竅難以觀妙。觀妙之道，萬有皆空，無作無為；觀竅之道，陰陽變化，有修有證。聖人不違自然之道，因而制之，觀天道，執天行，從後天中返先天，在殺機中盜生機，顛倒五行，逆施造化，以陰養陽，以陽化陰，陽健陰順，陰陽混合，由觀竅而至觀妙，由神器而入至靜，由勉強而抵自然，有無一致，功力悉化，陰陽相勝之術，昭昭乎進於色象之外矣。要知此術非尋常之術，乃竊陰陽、奪造化之術，乃轉璿璣、脫生死之術。昔黃帝修之，而乘龍上天；張葛許修之，而超凡入聖；以至拔宅者八百，飛升者三千，無非由此道而成之。籲！陰符經三百餘字，句句甘露，字字珠玉，示性命不死之方，開萬世修真之路，天機大露，後世丹經子書，雖譬喻千般，無非申明陰陽相勝之術，有志者若見此經，誠心敬閱，求師一訣，倘能直下承當，大悟大徹，勤而行之，以應八百之讖，有何不可？

智理文化系列

增修八字百訣 下冊

作者

覺慧居士

增修

溫民生

編輯

中華智慧管理學會

美術統籌

莫道文

美術設計

曾慶文

出版者

資本文化有限公司

地址：香港中環康樂廣場1號怡和大廈24樓2418室
電話：(852) 28507799
電郵：info@capital-culture.com
網址：www.capital-culture.com

鳴謝

宏天印刷有限公司

地址：香港柴灣利眾街40號富誠工業大廈A座15字樓A1, A2室
電話：(852) 2657 5266

承印者

資本財經印刷有限公司

出版日期

二〇一九年七月第一次印刷

ISBN 978-988-79157-0-6
Published in Hong Kong